존 넬슨 다비의

영성있는 복음

Originally published under the title of
Evangelic No.1, Volume 12,
The Collected Writings of J. N. Darby
Edited by William Kelly
Copyright© Bible Truth Publishers

Korean translation copyright
ⓒ 2007 by Brethren House, Korea
All rights reserved

존 넬슨 다비의 영성있는 복음
ⓒ형제들의 집 2007

초판 발행 • 2007.9.15
지은이 • 존 넬슨 다비
옮긴이 • 이 종 수
발행처 • 형제들의집
판권ⓒ형제들의집 2007
등록 제 7-313호(2006.2.6)
Cell. 010-9317-9103
홈페이지 http://brethrenhouse.or.kr
E-mail: maskil@freechal.com
ISBN 978-89-957814-4-9

＊값은 뒤표지에 있습니다.
＊잘못된 책은 바꿔드립니다.
＊서점공급처는 〈생명의말씀사〉입니다. 전화(02) 3159-7979(영업부)

존 넬슨 다비의

영성있는 복음

존 넬슨 다비 지음 | 이종수 옮김

형제들의 집

차례

영성있는 복음 하나_
　　　하나님이 우리를 위하시면 • 7

영성있는 복음 둘_
　　　알곡과 가라지 • 47

영성있는 복음 셋_
　　하늘로 좇아 경고하시는 하나님 • 83

부록_
　　존 넬슨 다비 약전(略傳) • 113

영성있는 복음

복음 하나_
하나님이 우리를 위하시면

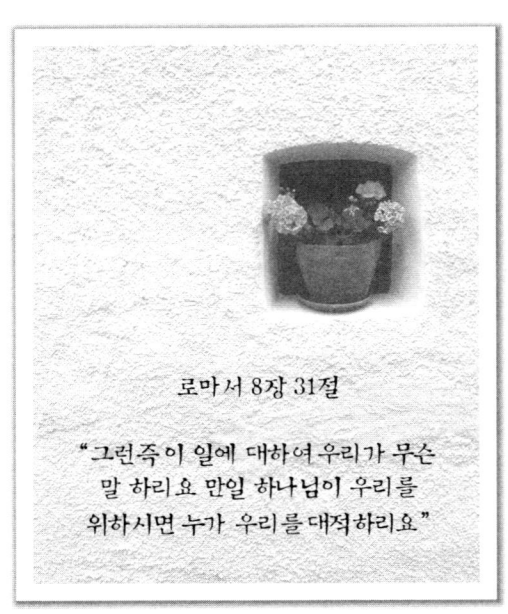

로마서 8장 31절

"그런즉 이 일에 대하여 우리가 무슨 말 하리요 만일 하나님이 우리를 위하시면 누가 우리를 대적하리요"

하나님이 우리를 위하시면

God For Us

여기 우리가 사는 세상에는 우리를 염려케 하고 피곤케 하는 일들이 많이 있습니다. 특히 하나님 만나기를 애써 피하고 있는 자연인의 마음의 경우에는 이런 일들이 더욱 심합니다. 사람의 자연적인 양심은, 특히 이생의 일들에 착념하고 있을 때에도 모든 일이 잘되고 있지 않다고 스스로 증거합니다. 늘 그런 것도 아니고 가끔 그럴지라도 이러한 말없는 감시자를 느끼고 있는 것입니다. 사업, 쾌락, 희열 등이 무언가 자신이 미처 준비하지 않은 것이 다가오고 있다는 생각을 흩어버립니다. 하지만, 그러한 달갑지 않은 생각이 언제든 다시 불쑥 찾아옵니다. 그러면 대단히 곤란해지고, 특히 외면적인 의(義)를 추구하는 사람이라면 그 생각에 마음이 불편해집니다.

그것을 도저히 피할 수 없음을 알고, 이러한 사실에 직면할 용기조차도 없는 자신을 발견하면서 매우 낙심하게 됩니다. 아니, 올바른 것에 대한 모든 외적인 기준조차 부인하는 사람이라도, 죄와 파멸의 넓은 길에 있는 사람이라도, 넘치는 죄악과 불법을 즐거워하며 향락과 쾌락의 전성기에 있을지라도, 머지않아 그 불편한 생각이 불현듯 찾아옵니다. 그리고 자신에게 속삭이는 말을 듣게 됩니다. '이렇게 되어서도 안 돼. 내가 의도한 결과가 아니야. 무언가 다가오고 있어.' 아마도 즐거운 쾌락의 행동 가운데서는 경험하지 않을 수도 있습니다. 그러나 아무도 없이 홀로 있을 때가 되면, 대화중에서나 혹은 전에 읽었던 것에서나, 아니면 그냥 지나쳤던 어떤 환경 속에서건 자신에게 떨어졌던 한 말씀이 결국 이렇게 고백하게 합니다. '그래, 그것은 모두 사실이야. 내가 그것을 믿든지 믿지 않든지 이 짧은 생애는 반드시 끝이 있으며 그 후에는 심판이 있어. 그리고 나는 전혀 준비되지 않았어.'

이러한 거북하고 두려운 느낌은, 다가오는 심판의 날에 자신이 의롭다고 인정받기를 추구하는 사람이든지, 아니면 그저 마음의 현저한 악함을 즐기는 사람이든지간에 별안간 불쑥 찾아옵니다. 자신의 부족을 느끼지만 전혀 엉뚱한 곳에서 능력을 구하기 때문에 아무런 진전도 없는 경우라면 더욱 불안해집니다. 또 다른 경우, 매일 매순간 자신이 행하는 모든 것들이 하나님이 미워하시는 것이라는 생각이 드는 경우라면, 그 생각은 두려운 경고로 가득 찹니다. 복음이 전파되는 것을 들어본 사람이 하나도 없다고 가정해봅시다. 하지만 그럴지라도, 의롭게 되는 방법을 자기 자신에게서 추구한 사람이든, 아니면 죄 가운데서 현 세상을 가치있게 여기며 즐기는 사람이든지간에, 복음을 들어본 적이 없다고 해서 한 번도 불안한 생각을 안 해본 사람은 없을 것입니다. 수많은 경험들 가운데 어느 한 순간, 한 가지 엄청난 사실을 생각하게 됩니다. '아, 어쩌면 하나님이 나를 대적하실 지도 몰라.' 이런 생각은 죄인들을 오싹하게 만듭니다. 그 사람의 양심은 크게 요동하고 자신의 연약함을 깨닫게 됩니다. 자신을 둘러싸고 있는 어려움을 보게 됩니다. 영혼 깊은 곳에서 하나님이 자신과 화평하지 않다는 것, 즉 하나님이 자신을 대적하고 계시다는 느낌을 지울 수가 없습니다. 이는 대단히 중대한 사실입니다. 양심의 증거로 계속 갈등합니다. 평안이 없습니다. 주위 환경이 매우 복잡하고 또 쉬이 변하기 때문이라고 하지만, 환경은 전혀 상관이 없습니다. 설령 환경에 아무런 변화가 없다 하더라도 자신을 불편하게 하는 것은 여전할 것입니다. 그가 반드시 만나야 할 분은 언제나 동일하고 평온하며 변함이 없으신 하나님이기 때문입니다. 또한 그는 하나님과 자신이 화평하지 않다는 자각이 있고, 제가 알기로는 어떠한 경우라도 '하나님이 나를 위하신다(God is for me)' 는 말을 감히 하지 못할 것이 분명하기 때문입니다.

이것이 바로 자연인의 양심을 두려워 떨게 하며 불편하게 만드는 것입니다. 이와 유사한 경험들이 많이 있는데, 심지어는 하나님의 성령의 가르침에 의해서 자신들이 하나님과 화평할 수 없는 존재라는 깊은 자각을 한 사람들, 그래서 하나님이 자신을 계시하시기 전까지는 계속해서 고통을 받는 경우들도 많이 있습니다. 하지만 지금 저는 그러한 경험들에 대해 말하고자 하는 것이 아니라, 자연인의 양심이라도 하나님이 자신들을 위하지 않으신다는 것을 알도록 해준다는 것을 말하고자 합니다. 하나님은 자신만의 독특한 방식으로 이 모든 것을 대면하신다는 것을 성경이 우리에게 말하고, 또한 일단 빛 비춤을 받으면 양심이 알게 됩니다. 즉 하나님은 인간의 양심이 하나님을 저버리고 자신의 양심을 팔아 버릴 수 있다는 것을 다 아시면서도, 또 그와 같은 방법으로 인간이 주 예수 그리스도 안에 있는 평강을 소유할 수 있음을 자각하도록 우리를 인도하십니다. 우리가 하나님의 평강을 소유할 수 있다니! 그것은 참으로 놀라운 일입니다. 우리의 이해력의 한계점을 넘어서도록 경이롭습니다. 우리의 모든 비참함, 타락, 죄악됨과 연약함 가운데서도 하나님이 우리를 위하신다는 사실을 우리는 발견하게 됩니다.

"그런즉 이 일에 대하여 우리가 무슨 말 하리요 만일 하나님이 우리를 위하시면 누가 우리를 대적하리요"(롬 8:31).

사람이 하나님을 만날 때, 사람과 하나님 사이의 문제가 해결되며, 자신의 독특한 환경이 하나님의 의도였다는 사실을 알게 됩니다. 하나님 자신이 사람을 위한 분임이 입증되면서, 그는 범죄한 일이 없는 천상의 천사들보다 자신을 향한 하나님의 사랑과 은혜를 더욱 더 실제적으로 느끼게 됩니다. 사람이 하나님을 자신을 위한 분으로 만나게 될 때, 전에 그 자체로 하나님께 대항했던 모든 것이 박살나게 됩니다. 일단 우리가 "하나님이 우리를 위하신다"는 깨달음과 자각이 생기기만 하면 교만, 즉 사람의 가련한 교만이 포기됩니다. 그 후 우리 영혼은 하나님이 우리를 위하시기에 만물이 얼마나 완벽하게 자신을 위하고 있는지를 발견하게 됩니다. 영혼의 위로는 바로 여기에 있습니다. 즉 하나님이 만물을 위하시고 만물은 하나님을 위합니다. 그런 다음에야 다른 필요들을 자각하기 시작하는데, 이전에는 결코 알지 못했던 것들입니다. 하나님을 더욱 알고자 하고, 하나님을 계신 그대로 뵙기를 갈망하며, 하나님의 영광을 원하게 되는 것입니다. 우리 안에 이런 갈망이 있다는 사실을 아는 것이 곧 위로입니다. 우리 영혼은 이제 다음과 같은 질문을 하게 됩니다. "하나님이 왜 우리를 위하셔야만 하는가? 우리는 하나님을 위한 적이 있었던가? 과연 우리가 하나님께 보답하기 위해 무슨 유익을 끼친 적이 있었던가? 우리가 하나님의 마음을 좇아 행한 적이 있었던가?" 그런 적은 단 한 번도 없었습니다. 그렇다면 우리는 하나님이 우리를 위하신다고 어째서 주장해야 하는 것입니까? 이에 대해서 우리에게서는 어떤 이유도 찾아볼 수 없습니다. 우리는 하나님의 약속을 깔보았고, 그분의 은혜를 경멸했으며, 또한 날마다 수천 만 번도 넘게 베푸시는 그분의 자비를 우습게 여겼습니다.

우리는 누구에게나 주어진 하나님의 축복을 방탕한 삶으로 허비해버린 탕자와 같습니다. 세상과 접촉해서는 마치 하나님이 없는 것처럼 행동했고, 하나님보다는 경건치 않은 친구들을 더 사랑하며 모든 환경 가운데에서 그분을 잊은 채 살았습니다. 오, 경이여! 이 모든 일들에도 불구하고 하나님이 우리를 위하셨음을 우리는 알아야 합니다. 사람이 참으로 어떤 상태에 있는가를 보십시오. 하나님보다는 사람을 더 신뢰합니다. 만일 이웃이 무언가를 요청했을 때, 비록 그 양심이 자신의 이웃이 요구한 일이 하나님이 싫어하시는 일임을 일깨울지라도, 자기 이웃의 마음을 상하게 하기보다는 차라리 하나님께 죄를 짓습니다. 친구를 거절하는 것뿐만 아니라 알려진 죄에 탐닉케 하는 오락과 희열을 느낄 수 있는 경건치 않은 장소를 거절하는 것이 더 괴로웠을 것입니다. 죄는 그리스도를 거절하는 근본 이유였습니다. 그러므로 모든 죄 위에는 '하나님의 아들을 거절함'이라는 도장이 찍혀 있습니다. 우리의 양심은 죄가 하나님께 반하는 것이며, 그것들을 행함으로써 하나님을 위한다고 말할 수 있는 것들이 우리에게는 거의 없다고 증거하고 있습니다. 그럼에도 우리는 모든 사람이 (친구 혹은 동료를 거절하기 보다는)하나님께 반하는 것인 줄 다 알면서도 죄를 짓는다며 둘러댑니다. 이런 모든 경우에도 우리는 하나님이 도대체 왜 이런 우리를 위하시는지 전혀 이유를 발견할 수 없습니다. 하나님의 심판은 무시되어 왔고, 하나님의 자비는 멸시를 받아 왔습니다. 우리는 하나님의 이름을 존중히 여기지 않았고, 그것을 남용하는 것 외에는 그분의 은혜를 조금도 귀하게 여기지 않았습니다. 그리고 이런 사실이 우리 양심을 책망하지 않도록 했습니다. 어떻게 우리가 하나님이 우리를 위하신다고 기대할 수 있을까요? 하나님을 위해 세상은 무슨 일을 하였습니까? 세상에 주어진 자연적인 은총을 어떻게 했습니까? 범죄함으로 내팽개쳤습니다. 하나님의 율법은 어떻게 했습니까? 깨뜨려버렸습니다. 그리스도의 사랑과 그분의 오심에 대해서는요? 그분을 거절했습니다. 그리스도의 사역에 대한 성령님의 증거는 어떻게 했습니까? 부인했습니다. 하나님께 속한 것은 무엇이든지 기뻐하지 않았고, 그분 안에 있는 사랑도 영광도 아름다움도 바라보지 않았습니다. 이렇게 함으로 다만 하나님이 우리를 위하실만한 이유가 우리에게는 전혀 없으며, 우리와 관련된 모든 것들은 오히려 하나님이 우리를 대적하셔야 하는 정당한 이유라는 사실만을 증명할 따름입니다.

하나님으로부터 완전히 격리된 이런 상태에서, 그분의 영광과 사랑스러움을 바라지도 않고 갈망하지도 않는 영혼이 하나님 없이 살아가고 또 하나님께 속한 것들에 대해 아무런 관심도 표명하지 않는 한, 그 영혼 가운데에는 사랑이 자리할 수가 없습니다. 이러한 상태 가운데 있다면, 필연적으로 끔찍스런 악이 있음이 분명합니다. 즉 우리가 하나님 없이 살아가면서 그분을 좇지 않는다면, 우리는 하나님의 원수이며 우리 영혼의 대적을 좇게 된다는 것입니다. 우리 영혼의 대적, 그는 인류를 속인 큰 거짓말쟁이이며, 비록 자신을 드러내는 일은 없지만 자신의 희생자를 파멸 상태로 끌어내린 다음에 그가 당한 참화를 바라보며 킬킬대고 조롱합니다. 그는 바로 미혹하는 자의 우두머리(arch-deceiver)인 사단으로, 처음부터 거짓말쟁이요 살인자입니다. 그는 미끼를 써서 사람을 유혹하며, 걸려든 먹잇감이 달아나지 못하도록 자신의 망에 넣기 위해 낚시 바늘을 교묘하게 감추고 접근합니다. 사람들은 자신이 하나님의 계명에 따라 행동하고 있지 않다는 것을 도덕적으로 인식하면서도 미끼를 덥석 물고는 기꺼이 자신을 사단에게 헐값으로 팔아넘깁니다. 이것은 어떤 특정 계층의 사람에게만 해당되는 것이 아닙니다. 모든 사람이 다 여기에 해당되기 때문입니다. "모든 사람이 죄를 범하였으매 하나님의 영광에 이르지 못하더니"(롬 3:23) 이 모든 것 가운데에는 하나님의 영광에 이를 만한 것이 아무것도 없습니다.

거듭나지 못한 사람에 관한 한 가지 중대한 사실이 있습니다. 그는 하나님의 거룩하심이라고 하는 두려운 사실 앞에 서있습니다. 그는 하나님의 영광을 기쁜 마음으로 바라볼 수가 없습니다. 구원받은 경우에만 그 영광 앞에 서있을 수 있기 때문입니다. 만일 그가 기쁨으로 하나님의 영광을 대면하게 되면, 그 사람은 변하게 되며 또 반드시 변하게 되어 있습니다. 하지만 하나님의 영광은 변하지 않습니다. 지구가 우리의 시야를 가릴지라도 태양은 변함없이 밝은 빛을 발합니다. 구름이 그 영광을 가리고 방해할지라도 구름은 곧 걷히게 되며, 태양은 여전히 그 자리에서 밝고 따스하고 영광스러운 광채를 발하고 있습니다. 휘장이 걷히는 순간 우리도 그와 같은 모습을 보게 될 것입니다. 하나님의 영광의 현현 가운데

서서, 자신의 훼손되고 본질적인 죄된 마음으로 그런 영광을 음미할 수 있는 영혼이 어디 있겠습니까? "그의 임하는 날을 누가 능히 당하며 그의 나타나는 때에 누가 능히 서리요"(말 3:2) 대자연의 빛을 보기를 원하는 아이는 먼저 생명으로 출생해야 합니다. 우리의 경우도 마찬가지인데, 이는 하나님은 변함이 없으시기 때문입니다. 하나님이 그분의 영광의 한 원자나 또는 그분의 거룩의 한 분자를 포기하는 것이 가능하다고 할 것 같으면, 죄가 못 들어갈 곳이 없게 될 것입니다. 만일 하나님이 그분의 영광의 극소량이라도 감소되는 것을 허락하실 수 있다고 할 것 같으면 과연 무슨 결과가 일어날지 누가 말할 수 있을까요? 그렇다면 성스러운 곳은 어디에 있단 말입니까? 쇠하지 않는 영광의 장소는 어디 있게 될까요? 하지만 하나님의 영광은 줄어들거나 작아지거나 할 수 없습니다. 하나님 자신이 변함없으신 분이시니 그 얼마나 안전한지요. 이러한 사실이 은혜에 의해 변화되지 않은 영혼 안에는 도리어 불안감과 경각심을 가져다줍니다. 이는 자신이 그러한 영광에 합당하지 못하다는 인식 때문입니다. 이러한 영광이 자신이 사랑하는 것들로부터 너무 거리가 멀고, 따라서 하나님이 우리를 위하시지 않는다는 느낌을 강하게 가질 수밖에 없는 것입니다. 만일 하나님의 영광이 변하지 않는다는 것이 참으로 사실이라면, 과연 누가 구원을 받을 수 있을까요? 신자는 변치 않는 영광을 보며, 그것이 신자를 기쁘게 합니다. 하지만 불신자는 하나님의 영광이 불변하는 것이라는 사실을 인식할 때 분노하게 됩니다. 만일 하나님이 그런 분이시라면, 그는 '그렇다면 내가 하나님과 관계를 맺어야 할 이유가 무엇인가?'라고 생각하게 됩니다. 그는 버둥거리며 이 진리에 대항하지만 헛수고일 뿐 하나님으로부터 벗어날 수는 없습니다. 다음 단계로 하나님은 애당초 계시지 않았다며 합리화합니다. 그러면서도 의로운 자와 불의한 자 모두에게 비를 내리시는 하나님의 지상의 은총과 축복은 잘도 받아들입니다. 하나님께서 공급하셨기에 자기가 이 땅에서 좋아하는 것을 소유할 수 있었고, 그래서 또 그것을 즐기면서도, 하나님을 만나 뵙고자 하는 생각은 전혀 하지 않습니다. 하나님의 영광을 바라지 않는 것도 마찬가지입니다.

거듭난 경험이 없는 자연인에게 있어서 심판이란 전혀 즐겁지 않으며, 즐거울 수도 없습니다. 어느 누구도 심판받는 것을 좋아하지 않습니다. 심판을 좋아한다면 그것은 정말이지 이상한 일이 아닐 수 없습니다. 자연인은 다음과 같은 말씀 듣는 것을 좋아하지 않습니다. "한 번 죽는 것은 사람에게 정하신 것이요 그 후에는 심판이 있으리니"(히 9:27). 하지만 이것은 엄연한 사실이며, 그래서 사람은 항상 이 사실을 부정하고자 합니다. 그러면 무엇을 부정하고자 하는 것일까요? 바로 하나님의 존재입니다. 사람은 하나님 뵙기를 원치 않습니다. 하지만 오히려 이것이야말로 사람이 하나님과 화평한 관계 가운데 있지 않으며, 또한 하나님으로부터 떨어져 있기를 바라도록 하는 무언가가 있다는 사실을 더욱 실제적으로 증거하는 것이 아닐까요?

형제들이여, 이 주제에만 오래도록 머문다는 것은 참으로 슬프고 근심스러운 일입니다. 여기에는 어떤 위안도 없으며, 더 이야기한다고 한들 더 이상 볼 것도 없습니다. 이 주제에 오래 머무는 것은 슬픈 일입니다. 하지만 엄연한 진리임에는 틀림없습니다. 우리가 죄인이며, 그래서 하나님의 영광을 싫어한다는 것 또한 하나님의 진리입니다. 하지만 형제들이여, 죄인의 심령에 또렷이 박힐만한 또 다른 복된 진리가 있는데, 곧 이 모든 일에도 불구하고 하나님께서 우리를 위하신다는 사실을 발견함으로써 기쁨과 위안을 얻게 된다는 것입니다. 아담은 범죄하여 하나님을 떠났습니다. 사단이 자신에게 준 것을 더 좋게 여겼기 때문입니다. 그는 마귀를 하나님보다 자신에게 더 좋은 친구로 생각했습니다. 하지만 아담은 자신의 쓰라린 경험을 통해 마귀가 거짓말쟁이라는 사실을, 사단은 자신이 약속한 것을 자신에게 줄 수 있는 능력이 전혀 없음을, 아담 자신이 마귀의 먹잇감으로 사로잡혀 갈고리에 꿰였음을, "죄의 삯은 사망"(롬 6:23)인 것을 뼈저리게 깨달았습니다. 이것이 사람이 행한 것의 전부입니다. 하지만, 오!, 우리가 할 수 있는 모든 것, 혹은 사단이 궁리한 모든 것에도 불구하고 하나님의 축복이 우리의 것이며, 하나님의 영광이 우리의 것이란 자각을 하는 복됨이여! 우리는 이 위대한 진리로부터 솟아나오는 진리를 보는 데까지 왔습니다.

이 사실은 전혀 다른 방식으로 제시되었습니다. 즉 하나님이 항상 우리를 위하신다는 사실은 성령님께서 계시하실 때에야 비로소 우리 영혼에 일깨워집니다. 비참하고 괴롭고 두려워하며 고통 가운데 있는 영혼이, 자신이 멸시했던 하나님이, 자신이 십자가에 못 박은 예수님이, 그리고 자신이 거부했던 성령님이 바로 자신을 위하신다는 사실을 알게 될 때, 이 얼마나 경이로운 축복인지요! 하나님께서 사랑과 긍휼 가운데서 찾으시는 이가 바로 우리 자신이며, 또 그분이 우리를 위하신다는 증거를 날마다 받는 것은 얼마나 기쁜 일인지요! 하나님께서 이스라엘 백성들에게, "내 백성의 고통을 정녕히 보고…그 우고를 알고 내가 내려와서 그들을 애굽인의 손에서 건져내고"(출 3:7,8)라고 말씀하셨습니다! 이 얼마나 다함없는 놀라운 사랑인지요! 그 꼭대기에 이를 자 없으며, 그 깊이를 헤아릴 자도 없습니다! 우리는 연약한 존재이며, 사단은 우리에게 치밀한 궤계를 행사합니다. 그는 무엇으로 우리를 유혹해야 하는지 알고 있기에, 우리 보기에 가장 좋아 보이는 것으로 미끼를 삼아 바로 우리가 손만 뻗으면 닿는 거리에 던져둡니다. 사단은 최선의 기술을 사용해 미끼를 던집니다. 그는 가장 적당한 미끼가 무엇인지 압니다. 그리고는 가장 효과적인 환경이 주어지기만 하면 미끼를 던지는 것입니다. 사단은 우리의 본성이 선호해서 추구하는 바가 무엇인지 잘 알고 있습니다. 그래서 사단은 우리가 계속 그 길을 따르게 되면 마침내 멸망으로 인도될 바로 그것을 우리에게 제시합니다. 사랑하는 친구들이여, 이 모든 일은 참으로 두려운 일이 아닐 수 없습니다. 하지만 이 모든 일들 가운데서도 주 예수 그리스도를 믿는 사람들에게는 위안, 곧 영원한 위안이 있습니다. 곧 우리는 모든 유혹 중에 우리를 능히 지키시며, 사단의 정사와 권세로부터 우리를 해방시키시고, 우리를 살아계신 하나님의 자녀, 하나님의 유업을 이을 자, 그리고 그리스도와 함께 한 공동 상속자로 만드시는 한 분(One)이 계심을 이미 보았고 또 그분을 인격적으로 만났다는 것입니다.

바울은 로마서에서 전개하고 있는 모든 영적 진리를 이 복된 특권으로 매듭짓고 있습니다. 그는 로마의 성도들이 본질상 어떤 사람들이었는지를 드러냈습니다. 그들은 전에 하나님을 마음에 두기를 싫어했으며, 그래서 하나님은 그들에게 상실한 마음(무엇이 옳은지 혹은 그른지를 합당하게 판단하는 일에 무능력한 이성)을 주셨습니다. 그 결과 그들은 탐욕스러운 마음으로 모든 부정한 일들을 저질렀습니다. 하지만 "기약대로 그리스도께서 경건치 않은 자를 위하여 죽으셨"(롬 5:6)습니다. 사랑하는 형제들이여, 이것이 우리 영혼에게 위안과 평안과 기쁨을 가져다는 주며, 마귀를 무력화합니다. 그리고 이것이 사람이 하나님을 반해 죄 짓는 일을 사랑하는 일을, 그리스도를 거절하는 일을, 그리고 성령님의 증거를 거부하는 일을 그만두게 해줍니다. 이러한 변화는 이 복된 지식을 영혼 깊이 깨달은 데서 오는 결과입니다. 죄와 근심을 자각하면서 깊고 깊은 비참함을 겪은 많은 사람들이 거기로부터 해방되니 이 얼마나 놀라운 위안입니까!

자신의 무가치함을 깨닫고 있는 사람은 하나님께서 그분을 위해 살도록 능력을 주신 다른 사람들을 우러러보며, 일종의 질투심을 가지고 이렇게 말합니다. '아, 만일 내가 저런 사람이라면, 저 사람처럼 일관되고 경건하게 행동할 수만 있다면! 저 사람은 어떻게 저렇게 할까? 그런 선행이 내게는 없구나. 나는 저 사람처럼 행할 수 없어.' 하나님께서는 이런 방식으로 그로 하여금 자신이 경건치 않은 사람이라는 것을 인정하게 하십니다. 그리고 하나님께서는 이렇게 말씀하십니다. "그래, 너는 경건치 않은 사람이다." 그러나, "기약대로 그리스도께서 경건치 않은 자를 위하여 죽으셨도다."라고 말씀하십니다. 어떻게 기약대로 된 것일까요? 잃어버린바 되었고, 멸망 가운데 있었으며, 범죄하여 축복을 상실했고, 아무런 능력도 없었던 우리를 위해서 정해진 때가 있었습니다. 그 때에 그리스도께서 죽으셨습니다. 그렇습니다. 그리스도께서는 경건치 않은 자를 위하여 죽으셨습니다. 오, 가련한 죄인들을 위한 복된 지식이여! 하나님은 "자기 아들을 아끼지 아니하"셨습니다. 하나님은 경건치 않은 자들, 곧 죄인들을 위해 자기 아들을 내어주셨습니다. 그들은 아무런 능력도 없는 자들이며, 또한 아무 지각도 없는 자들이었습니다. 그러니 불경건하다는 이유로 얻어지는 이 특권에서 면제되는 사람은 아무도 없습니다. 이것은 가난한 사람이나 부자나, 무식한 사람이나 유식한 사람 모두가 다 이해할 수 있도록 아주 단순합니다. 그리고 바로 이러한 이유 때문에 어떤 이들은 자신의 양심으로 하나님을 상대하려 하며, 어떤 이들은 자신의 지식으로 하나님을 알고자 애를 쓰는데, 사실 이런 이들이야말로 정말로 가난하고 무지한 자들입니다. 긍휼에 풍성하신 하나님께서는 지혜 있는 자들의 지혜를 무효화시키셔서, 그들 자신의 지혜라는 것이 얼마나 하찮은 것인지 보게 하십니다.

하나님의 성령께서 한 죄인의 영혼에 자신이 경건치 않은 자라는 자각을 일깨우시면, 그는 이제 하나님의 아들의 죽음에 관심을 가지게 되고, 또한 그분이 부활하신 구주라는 진실을 깨닫게 됨으로써 미래를 엄청난 용기를 가지고 바라보게 됩니다. 그는 하늘로서 내려오신 분을 믿음으로 보게 됩니다. 하나님이 자신을 구원하시기로 작정하셨음을 보게 되고, 그 구원의 방법으로 독생자 예수 그리스도를 보내셨다는 사실을 마음 깊이 깨닫게 됩니다. 믿음으로 그는 예수님이 여기 이 땅에서 행하셨던 일과, 또 그분이 어떻게 대우받으셨는지 목도하게 됩니다. 주님에게는 한 가지 목적, 즉 거룩한 사랑의 목적이 있었고, 그것을 이 땅에서 실행하기 위해 오셨으며, 그 목적과 주님을 분리시킬 만한 것은 아무 것도 없었습니다. 주님은 그 일을 이루실 것을 맹세하셨고, 따라서 모든 비난과 모욕과 가난과 치욕 가운데서도 물러서지 않았습니다. 그분의 심장에 굳게 박혀있던 그 목적은 경건치 않은 자들을 구원하시는 것이었기에, 주님은 그 목적의 성취를 가로막는 모든 것들을 물리치셨습니다. 주님은 수치를 참으시면서 십자가를 견디셨습니다. 사람들의 조롱하는 웃음과 죄인들의 경멸하는 소리가 주님을 향해 쏟아졌습니다. 하지만 그것이 주님께 무엇이었습니까? 주님이 위해서 이 땅에 오셨던 그 유일한 목적이 그분 앞에 있었기에, 완전히 무죄한 분께서 불의한 죄인으로 고소되셨음에도 그 모든 것을 견디셨습니다. 고소와 비방과 조롱, 침 뱉음을 받으신 것은 물론이고, 마침내 죽음의 저 밑바닥까지 내던져지셨습니다. 일단 이러한 인정된 사실들을 영적으로 이해할 수 있게 되면, 그는 하나님이 자신을 위하신다는, 자신의 곁에서 자신의 편을 들어주신다는 이 거룩하고도 경외스러운 사실을 알게 됩니다. 소망의 샘이 그 영혼 속에서 샘솟습니다. 하나님이 결코 자신을 대적하지 아니하시고 자신을 위하신다는 사실을 바라봅니다. 그저 누군가가 아니라 바로 하나님께서 자신을 위하신다는 사실 말입니다. 이 모든 일을 이루신 분은 하나님이십니다. 하나님이 우리를, 그리고 나를 위하십니다. 신자는 이제 더 이상 하나님께 채무자로 자처하는 교만을 범치 않습니다. 반역과 증오라는 무기를 내려놓게 됩니다. 그는 간청하는 사람이 됩니다. 하나님 앞에 죄인으로 나타날 것이라고 두려워할 필요가 없습니다. 그리스도 예수 안에 있는 하나님의 사랑과 자비를 분명히 알기 때문입니다. 심판의 날에 대한 두려움과 근심이 사라집니다. 그에 대한 소송은 기각되었고, 이제 신자는 무죄한 자가 되었기 때문입니다.

이것은 기쁨, 평안, 위안을 가져다주는 위대한 진리로서, 이 모든 것들 안에는 하나님이 우리를 위하신다는 진리가 담겨져 있습니다! 모든 대적들을 우리를 위해 정복하시고, 우리를 위해 모든 영광을 쌓아두신 주님께서 자신과 상관이 있다는 사실을 보게 될 때, 가련한 영혼에게 이 얼마나 큰 안식과 행복인지요! 이 사실을 깨닫기 전에는, 날마다 모든 페이지마다 검은 색으로 죄, 죄, 죄라고 기록되어 있는 자신의 범죄 기록부를 펴놓고 하나님 앞에 나왔습니다. 하지만 이제는 이 모든 검은 글자들은 깨끗이 지워졌으며, 각 페이지마다 피로, 곧 하나님의 사랑하시는 어린양의 피로 사랑, 사랑, 사랑이라는 글자가 새겨져 있는 것을 보게 됩니다. 모든 어두운 얼룩들은 이제 깨끗이 도말되었습니다. 이는 우리를 위하시는 하나님께서 승리하셨기 때문입니다. 하나님께서 우리에게서 죄의 짐을 벗겨내시고, 우리가 받아야 할 형벌을 대신 받으셨습니다. 이것이 사단의 모든 참소를 잠잠하게 했습니다. 사단은 영혼에게 "오, 너는 죄인이야, 너는 하나님의 율법을 깨뜨렸어."라고 말합니다. 주 예수 그리스도께서 이 사실을 알고 계시며, 죄를 담당하시고 그에 대한 형벌을 지시되

죽기까지 하셨습니다. 사단은 우리에게 언도된 응당한 처벌을 요구하면서, 공의로우신 주님이 죄인을 심판하지 않는 것은 부당하다고 이의를 제기합니다. 사단은 죄인을 고소했습니다. 하지만 성경은 "누가 능히 하나님의 택하신 자들을 송사하리요 의롭다 하신 이는 하나님이시니"(롬 8:33)라고 말합니다. 그리스도께서 죄인의 자리에 오르셔서 우리를 대신해 형벌을 받으셨고, 그분의 영혼을 죽기까지 내어주심으로써 죄를 없이 하셨습니다. 그분은 이제 부활하셔서 하늘에 오르셨습니다. 죄는 도말되었고, 이제 그리스도의 사람들은 정결케 되었습니다. 우리를 증명해주시는 분은 바로 그리스도이십니다.

이 복스러움을 충분히 인식하는 데에서 신자의 기쁨이 생겨납니다. 죄인된 우리가 하나님이 우리를 위하시고, 우리를 향하신 그분의 사랑이 담겨진 바로 그 십자가 사건을 통해 친히 확증하신 것을 보게 될 때, 바로 거기서 우리는 요동하는 세상 풍파로부터 벗어나 안식의 자리를 발견하게 됩니다. 왜냐하면 그 사건은 우리가 아직 죄인되었을 때 이루어진 일이기 때문입니다. "우리가 아직 죄인 되었을 때에 그리스도께서 우리를 위하여 죽으심으로 하나님께서 우리에게 대한 자기의 사랑을 확증하셨느니라"(롬 5:8) 우리는 여기서 두 가지 사실을 봅니다. 죄인은 무력하며, 아무 것도 가진 게 없다는 것입니다. 자신이 가진 모든 것을 탕진해버리고, 이제는 그 마음에 집으로 돌아갈 생각을 하고 있는 그 가련한 탕자처럼, 그는 아무것도 가진 게 없습니다. 모든 것을 배 밖으로 던져버리고, 여기저기 표류하면서 검푸른 파도로 고생하다가 이제 막 해안으로 끌어올려진 난파선처럼, 만신창이 몰골에 완전 빈털터리입니다! 하지만 하나님을 찬송할지니, 만일 우리가 해안으로 끌어올려졌다면, 하나님이 그곳에서도 계시며 우리를 위하십니다. 바로 여기에 극적인 전환점이 있습니다. 즉, 이제 우리가 다시는 버려지지 않을 것이며, 또한 하나님이 주실 수 있는 모든 것들에 대한 권리를 주장할 수 있다는 것입니다.

"자기 아들을 아끼지 아니하시고 우리 모든 사람을 위하여 내어 주신 이가 어찌 그 아들과 함께 모든 것을 우리에게 은사로 주지 아니하시겠느뇨."(롬 8:32)

그러므로 형제들이여, 더욱 하나님을 신뢰합시다. 더욱 하나님으로부터 받기를 구합시다. 우리를 위해 자기 아들을 아끼지 아니하신 하나님의 은혜를 우리는 너무 바라지 않는 것 같습니다. 사랑하는 형제들이여, 그렇다고 해서 이것이 우리를 주제넘은 기대로 이끌지는 않습니다. 하나님의 선물의 광대함을 아는 지식은 우리를 더욱 겸손하게 만듭니다. 더 깊은 겸손에 이르면 이를수록, 우리는 하나님이 어떻게 우리를 위하셨으며 또한 현재 어떻게 위하고 계신지, 즉 그리스도께서 원수된 우리들을 위해 피 흘려 죽으신 것과, 또 아버지께서 우리가 경건치 않을 때에 우리를 위해 자기 아들을 내어 주신 사실을 더욱 깊이 보고 느끼는 상태가 되기 마련이기 때문입니다. 오 형제들이여, 이것은 믿음을 위한 복된 통찰력으로서, 오직 믿음이 아니면 이것을 볼 수 없습니다. 이 사실을 보게 될 때에야 비로소 우리는 모든 것이 우리의 것임을 볼 수가 있습니다. 그리스도를 소유함으로 우리는 모든 것을 소유합니다.

"어찌 그 아들과 함께 모든 것을 우리에게 은사로 주지 아니하시겠느뇨?"

하나님께서 사람들에게 셀 수 없는 축복을 내리셨습니다. 하지만 하늘에는 다른 어떤 선물 보다 더 위대한 선물이 하나 있었습니다. 하나님께서 우리에게 그 하나마저 주셨을진대, 또한 주신 그 선물을 우리가 이미 받았을진대, 어찌 우리의 선을 위한 다른 모든 선물들을 주지 않으시겠습니까? 바로 그 위대한 선물이신 그리스도가 우리의 것이니, 그에 따라 다른 모든 것도 우리의 것입니다. "너희는 그리스도의 것이요 그리스도는 하나님의 것이니라." 하나님께서는 그리스도와 함께 모든 것을 우리에게 주십니다. 주시되 세상 사람과는 달리 값없이 주십니다. "모든 것을 우리에게 은사로 (freely) 주지 아니하시겠느뇨." 어려움은 우리 쪽에 계속 남아있을 수 있습니다. 사단은 여전히 우리를 괴롭게 하고, 고민하게 합니다. 하지만 하나님이 우리에게 그 아들을 주셨고, 또 모든 것을 우리에게 주셨다는 진리에 대한 확신이 그런 시험을 극복하게 합니다. 하나님께서 이 약속과 보증에 합당한 자격을 우리에게 부여하셨습니다. 하나님의 능력으로 이 모든 것들이 일단 질서정연하게 정리가 되기 시작하면, 우리는 그 결과에 대해서 만족하게 될 것입니다. 이는 그리스도께서 보증하셨기 때문입니다. 단언하건대, 우리는 안전하게 도착할 것입니다. 이는 우리를 지금까지 인도해 오신 하나님이 여전히 우리를 위하시기 때문입니다.

"누가 우리를 그리스도의 사랑에서 끊으리요 환난이나 곤고나 핍박이나 기근이나 적신이나 위험이나 칼이랴"(롬 8:35)

거짓된 세상이 주는 헛된 쾌락에, 아니 사단이 던진 매혹적인 미끼에 우리 영혼이 파멸되도록 유혹을 받으시겠습니까? 절대로 그럴 수 없습니다. 형제들이여, "이 모든 일에 우리를 사랑하시는 이로 말미암아 우리가 넉넉히 이기느니라."(롬 8:37) 우리의 길이 어둡고 가시밭길이고, 어려움과 위험이 따르는 길이지만, 그리고 많은 유혹과 염려 가운데 걸어가야 하는 길이지만, 언제나 동일하신 하나님이 우리를 위하십니다. 그리고 우리는 바로 그분이 우리 앞서 이 모든 것들을 통과하신 것을 알고 있습니다. 그리스도께서 고난을 당하셨고, 시험을 받으셨으며, 비난을 당하셨습니다. 주님은 눈물을 흘리셨고, 또한 우리로 이 모든 것을 통과하도록 간구의 기도를 올리셨으며, 심지어 심한 통곡과 눈물로 우리의 아버지이신 하나님과 또한 우리 본향인 천국을 바라보셨습니다. 그렇다면 우리는 경외함으로 어떻게 해야 마땅할까요?

주께서 사랑하시는 형제들이여, 우리의 하나님께서 우

리를 위해 그토록 위대한 일을 행하신 것을 봄으로써, 우리는 하나님이 예수님의 사랑으로 우리를 위하시는 것을 알게 됩니다. 예수님께서 우리 앞서 이 모든 고난을 통과하셨으니, 이는 그 무엇도 우리를 그리스도의 사랑에서 끊을 수 없도록 하기 위한 것입니다. 사랑하는 친구들이여, 만일 당신이 시험을 받고 있다면 주님이 당신보다 앞서 시험을 받으신 사실을 기억하시기 바랍니다. 만일 당신의 친구가 당신을 버린다면, "어떤 친구는 형제보다 친밀하니라"(잠 18:24)고 잠언에서 말하는 바로 그 친구가 그리스도임을 잊지 마십시오. 세상은 당신을 버릴지 모릅니다. 하지만 세상은 당신의 친구가 아니라 원수일 뿐입니다. 왜냐하면 "누구든지 세상과 벗이 되고자 하는 자는 스스로 하나님과 원수 되게 하는 것"(약 4:4)이기 때문입니다. 당신은 더 이상 육신에 빚진 자가 아닙니다. 육신을 따라 살 필요가 없습니다. 이제 당신은 성령 안에서 살고 있습니다. 그러므로 예수님 안에 있었던 그 동일한 마음으로 성령을 좇아 행하십시오. 당신이 그 어떤 시험 아래 있을지라도, 바울과 함께 이 한 가지 곧 "사망이나 생명이나 천사들이나 권세자들이나 현재 일이나 장래 일이나 능력이나 높음이나 깊음이나 다른 아무 피조물이라도 우리를 우리 주 그리스도 예수 안에 있는 하나님의 사랑에서 끊을 수 없으리라"(롬 8:38,39)는 사실을 붙좇기를 바랍니다.

마귀가 행한 일은 하나님을 믿는 우리의 믿음을 파괴하는 것이었습니다. 반면 예수님이 행하신 일은 우리가 그분을 얼마든지 신뢰할 수 있음을 보여주는 것이었습니다. 만약 우리가 이 사실을 보지 못할 때, 우리는 마귀를 바라보게 되고 자신을 위해 모든 원수를 정복하신 그리스도의 능력과 사랑을 신뢰하기보다는 유혹에 빠지기가 쉽습니다. 그러나 우리의 시선을 다른 모든 것에서 돌려 오직 그리스도께만 향할 때, 바로 그때에만 우리는 평안을 누릴 수 있습니다.

사랑하는 친구들이여, 이제 저는 결론적으로 당신에게

묻고 싶습니다. 당신은 경건치 않은 죄인으로서, 있는 모습 그대로 하나님 앞에 나오신 적이 있으십니까? 더러운 넝마에 지나지 않는 당신 자신의 의(義)는 버려두고, 하나님의 어린양이 흘리신 피를 가지고 간구하는 마음으로 나아오신 적이 있으십니까? 당신은 진정 하나님이 당신을 위하신다는 확실한 증거인 평강을 가지고 있습니까? 아니면 당신의 모든 삶을 통해 하나님께 거역하는 행위를 하며, 결코 평강을 발견하지 못하고 있지는 않습니까? 여전히 죄악에 물든 양심을 가지고 괴로워하면서, 구원의 길을 거절하고 거부하고 계십니까? 당신이 처한 위험에 대해 진지하게 숙고해보시길 간절히 바랍니다. 당신이 지금 어디로 가고 있으며, 또한 무슨 일을 하고 있는지, 당신 앞에 무엇이 있는지 직시하시길 바랍니다. 당신은 이 세상의 광활한 바다 한 가운데서 방황하고 있으며, 구원의 가망 없이 그저 파도에 떠밀려 다니고 있습니다. 만일 당신이 계속 그 가운데 있기를 고집한다면 머지않아 죽음의 깊은 잠 속으로 빠져들게 될 것이며, 영원한 멸망 가운데 깨어나게 될 것입니다. 그리스도께서 오실 때 수치심과 비통함을 뼈저리게 느끼며, 사단보다 더 큰 분, 곧 사단과 당신을 모두 멸하실 수 있는 분이 당신을 대적하고 있음을 알고 두려워 떠는 모습으로 나타나야 하겠습니까?

하지만 당신이 그리스도께 마음을 쏟고 있다면 참으로 기뻐하고 즐거워하십시오. 그분만이 당신 영혼의 닻을 내리고 머물 곳입니다. 주님이 그런 분이실진대, 사랑하는 친구들이여, 그분을 공표하십시오. 당신과 주님과의 관계를 부끄러워하지 마십시오. 주님을 의지하는 것을 부끄러워하지 마십시오. 당신은 주님의 소유라는 담대한 믿음에서 물러서게 하는 그 어떤 것들도 단호하게 물리치기로 결단하십시오. 사람 앞에서 주님을 시인하시고, 주님을 위해 행동하시며, 경건치 않은 세상 속에서 주님을 위해 사십시오. 주님은 당신을 형제라 부르기를 부끄러워하지 않으십니다. 그런데 당신은 세상의 면전에서 예수 그리스도를 당신의 주님과 주인으로 시인

하기를 부끄러워하시겠습니까? 그리스도인으로 당신 자신을 공적으로 드러내고자 할 때 주저하지 마십시오. 확고한 마음으로 즉각 행동으로 옮기십시오. 과감히 뛰어들고, 결과는 하나님께 맡기십시오. 자신이 그리스도의 사람이라고 공적으로 담대히 고백하는 것이 영적 싸움에서 절반 이상을 이기는 것임을 저는 경험을 통해 잘 알고 있습니다. 물론 저는 마귀가 시험할 것도 알고 있습니다. 그는 이렇게 속삭입니다. '너무 서두르지 말게나. 너무 과하면 낭패 보기 십상이야. 지금은 자신을 공개적으로 고백할 때가 아니야. 다음 기회가 올 때까지 기다려.' 하지만 사랑하는 친구들이여, 주님의 능력 안에 있는 사람이 자신의 동료들과 친구들에게 '나는 그리스도의 사람이야. 나는 그분을 위해 살아야 해.' 라고 일단 알리게 되면, 그는 자신들이 섬기려는 분이 그리스도라는 것을 공적으로 시인하기를 두려워해서 비굴하게 살아가는 다른 이들이 겪는 고통들을 전혀 겪지 않을 것입니다.

친구들이여, 제 말을 믿으십시오. 제가 말씀드리고자 하는 바는 요컨대 다음과 같습니다. 이처럼 세상을 향한 결정적이고 공개적인 대항을 하게 되면, 일단 신자는 웃음거리가 되며 조롱을 당합니다. 하지만 그러면 또 어떻단 말입니까? 그리스께서도 또한 그렇게 섬기셨습니다. 하지만 머지않아 동료들은 우리의 결연한 모습을 보면서, 자신들이 어떻게 손을 쓸 수 없는 경우로 여기며 우리를 단념할 것입니다. 또한 비난과 조롱에서도 상당히 자유로운 상태로 우리를 내버려 둘 것입니다.

두 가지 생각 가운데 망설이면서, 주님을 향한 당신의 신의를 고백하는 것을 두려워하고 계신 분이 있습니까? 오! 다시 한 번 당신 자신이 정직해지시길 부탁드립니다. 솔직해지십시오. 마음을 정하십시오. 이 땅에서 그리스도의 이름을 고백하십시오. 그리하면 주님은 온 우주 앞에서 당신의 이름을 고백하는 것을 부끄러워하지 않으실 것입니다. 아멘.

복음 둘_
알곡과 가라지

마태복음 13장 18절

"그런즉 씨 뿌리는 비유를 들으라"

알곡과 가라지

_The Wheat & the Tares

주님이 자기 백성들을 교훈하기 위해서 사용하신 방법은 참으로 놀랍도록 은혜롭습니다. 주님은 사랑과 감사를 통해 신자의 마음과 애정을 이끌어내는 방법을 사용하셨습니다. 하지만 제자들은 얼마나 자주 그 마음과 생각이 사랑의 하나님께서 그들을 다양한 방법과 수단과 방식으로 가르치고자 하신 것에 대해 무감각하게 반응함으로써 부끄러운 일을 저질렀는지요!

하나님은 자신의 백성들을 항상 축복하시고, 또한 그분의 자비로 그들의 부족을 채워주십니다. 과연 주님의 제자들은 자신들의 무지와 감사치 않는 마음을 알아차리고 또 애통해했을까요? 누가 하나님처럼 가르치겠습니까? 하나님의 지혜는 성도들의 분복입니다. 제자들은 과연 자신의 연약함과 노예상태를 인식하면서 주님 앞에 무릎을 꿇었습니까? "내 능력이 약한 데서 온전하여짐이라 하신지라" 따라서 모든 방법으로 주님은 제자들의 다양한 필요를 친히 채워주십니다. 주님은 결코 돌보심을 철회하지 않으십니다. 주님은 제자들에게서 등을 돌리시는 일이 결코 없습니다. 여전히 제자들에게 선을 행하십니다. 비록 제자들은 두려움에 떨며 연약에 빠져 있을지라도, 주님의 사랑은 여전히 역사합니다. 예수님은 가난하고, 약하고, 비참한 죄인에게 오신 모든 복의 근원이십니다. 이는 죄인들로 하여금 풍성한 위로와 풍성한 평안과 풍성한 희락(기쁨)을 주님에게서 받도록 하기 위한 것입니다.

이러한 지식은 가련한 죄인의 마음을 그처럼 부요하신 구주께 붙접도록 해줍니다. 그리고 죄인을 인도하시는 주님의 섭리를 통해 자신에게 그런 방식으로 교훈하시는 하나님의 성품을 그에게 나타내 보여주시며, 또한 그 자신의 슬픔과 시련들도 바로 하나님의 무한한 사랑과 은혜에 대한 분명한 증거인 것도 알게 하십니다. 뒤따라오는 환경의 변화 역시 하나님의 은혜의 부요함을 나타내고 있습니다. 주님이 우리를 인도하시는 방법, 우리를 두신 특별한 환경, 또 우리를 넣으신 여러 상황들, 이 모두는 사랑의 하나님이 우리를 교훈하기 위해서 계획하신 다양한 방법과 수단들입니다.

신자들은 이렇게 자신을 괴롭히고 있는 모든 것들로부터 쉼을 갈구하지만, 하나님은 신자에게 다양한 교훈을 가르치기 위해 그냥 머물러 있도록 하십니다. 현재 모습을 이루고 있는 이 세상은 장차 영광의 나라에서는 배울 수 없는 것을 하나님이 우리에게 가르치기 위한 수단으로 존재하고 있습니다. 신자는 하나님의 오래 참음과 인내와 사랑 안에서 다른 방법으로는 자신이 결코 알 수 없었던 방식으로 배웁니다. 자신의 부족과 자신의 연약함, 자신의 열매 맺지 못하는 메마름과 자신의 죽은 것 같음이 하나님의 놀라운 인내를 가장 감동적인 방식으로 나타냅니다. 그리고 여기서 또한 그는 그리스도 안에 있는 하나님의 사랑에 대한 놀라운 증거들을 배웁니다. 그러한 죄인들을 위해 주님 자신을 내어주신 것은 그들로 죄사함을 얻고 자유를 얻게 하려는 것입니다. 그리고 우리의 모든 연약과 단점과 범죄에도 불구하고, 우리가 처한 모든 특별한 환경을 통해, 예수 그리스도의 인격 안에서 하나님이 어떤 분이신지를 배우게 되는 것입니다. 우리를 향한 하나님의 마음에는 적대감 같은 감정이 전혀 없습니다. 참을성 없는 말이나 태도 조차도 없습니다. 모든 것이 사랑입니다.

하나님 사랑의 방식은 하나님의 자녀들의 연약과 부족

가운데서 오히려 더욱 잘 드러납니다. 이는 하나님이 한 가족의 아버지로서 역사하시기 때문입니다. 아버지의 애정은 모든 자녀들을 향해서 동일하지만 상황에 따라 다르게 나타날 수 있습니다. 오래도록 유약한 자녀는 부모의 부드러운 동정심과 사려 깊은 돌봄을 불러일으키며, 또 이런 자녀일수록 부모에게 애정을 더욱 느끼게 합니다. 따라서 주님은 우리의 연약함과 유아적인 도움이 필요한 상황 속에서도 우리를 보호하시며, 또한 우리를 돌보십니다. 이렇게 해서 우리는 하나님의 사랑의 방식을 배우게 됩니다. 그 후에 우리가 사려 깊은 돌봄과 훈련 아래서 더 자라고, 성숙에 이르게 되면, 우리는 하나님 사랑의 복됨을 배우게 되고, 우리는 주님이 그분 자신에 대한 지식을 어떻게 열어주시는가에 대한 분별을 갖게 되면서, 놀라운 복됨의 위치 속으로 더욱 깊이 들어가게 됩니다.

"이제부터는 너희를 종이라 하지 아니하리니 종은 주인이 하는 것을 알지 못함이라 너희를 친구라 하였노니 내가 내 아버지께

들은 것을 다 너희에게 알게 하였음이라"(요 15:15)

　　　이것이 우리를 향한 하나님 사랑의 방식과 복됨입니다. 만일 우리가 이에 대해 무감각하다면, 우리는 슬프게도 영적으로 낮은 상태에 있는 것입니다. 영혼이 건강한 상태에 있지 않다는 증거를 많이 찾을 필요도 없습니다. 그런 사람은 우리를 향한 하나님 사랑의 방식에 대해 무감각해 있고, 여기 이 땅의 일들로 머리가 꽉 차 있으며, 또한 이전에 처했던 환경 보다 더 하나님께 가까이 나아가고 있다는 느낌도 없습니다. 하나님이 우리를 향해 그분의 마음과 계획들을 열어 보이시는 데서 즐거워하시는 것을 바라보는 것은 얼마나 경이로운 일인지요! 바로 그에 대한 증거를 우리는 주님이 무리에게 말씀하신 비유들을 제자들에게 설명하고 있는 이 마태복음 13장에서 보게 됩니다.

　　　우리는 여기서 일곱 개의 비유를 발견하는데, 이제 그

순서를 주목하는 것이 좋을 듯 합니다. 처음 비유는 다른 비유들처럼 천국에 대한 비유나 비교를 하고 있는 것이 아니라, 왕국의 전령의 선포와 각각의 특별한 결과를 설명하고 있습니다. 인자의 승천 이전에 일어난 사건과 그 결과가, 마찬가지로 개인들에게서도 그 이전과 이후에 어떻게 나타날 것인가에 대해 말하고 있습니다. 천국은 이 일 후에 뒤따르는 것이었고, 그리스도의 부활의 결과로 이제 막 만물의 새로운 체계가 세워지고 있었습니다.

다른 여섯 개의 비유는 동시에 가르치신 것이 아닙니다. 세 개는 무리들에게 하신 것이고, 나머지 세 개는 제자들에게 따로 말씀하신 것입니다. 이 가운데 처음 세 개는 이 세상에 있는 천국의 공적인 특징과 결과를 설명하고 있고, 나머지 세 개는 천국의 내적인 가치와 하나님의 손 안에서 진행되어 가는 천국의 충만한 발전과 결과를 상징적으로 표현하고 있습니다. 전자는 이 세상에서 드러난 외형적이고 가시적인 모습을 충분히 전개시켰고, 후자는 하나님의 마음 속에서 알려진 그 자체로서의 천국의 참된 가치를 말하고 있습니다. "자기 아버지의 나라"와 마찬가지로 "천국"이란 표현은 특히 세대와 세대의 예언적인 증거에 집중하고 있는 마태복음에서만 나오는 독특한 표현입니다.

그렇다면 이 땅에서 신자들이 처하고 있는 상황은 어떤 것일까요? 여기 이 땅에서 하나님의 가족 관계 속으로 들어온, 즉 하나님 나라 속으로 들어온 신자들은 하늘로 승천하신 후, 이 땅에선 부재하신 주님과의 교제를 굳게 붙들고, 주님이 부재한 동안 이 땅의 축복을 구하는 것이 아니라, 주님이 우리를 아시듯 주의 성도들 또한 주님을 알게 되어, 다시는 주님과 헤어지지 않을 날을 바라보는 것입니다. 그것이 바로 신자들인 우리가 바라보아야 하는 것이고, 그런 상황 속에서 우리는 땅에 떨어져 죽음으로써 다시 사는 "좋은 씨"로서 알곡의 은혜에 참여하는 자가 되는 것입니다.

"천국은 좋은 씨를 제 밭에 뿌린 사람과 같으니"(마 13:24) 이제 24-30절과 36-45절에서 우리는 주님이 친히 설명하신 비유에 대한 해석과 그 특징들을 보게 됩니다. 주님은 이러한 것들을 통해 본래 의미를 설명하셨습니다. 그러므로 비유들은 실제적인 사실로서 우리에게 단순하게 제시되었습니다. 주님은 또 다른 측면에서 "밭은 세상이요"라고 말씀하십니다. 이러한 비유적인 표현들에는 완전한 조화와 의미의 일치가 있습니다. 만일 우리가 성경 자체의 빛을 통해 그 의미를 분명하게 파악할 수 있다면, 우리는 다른 곳에 있는 동일한 구절이 가지고 있는 똑같은 의미를 쉽게 깨달을 수가 있습니다.

이제 우리의 구주이신 주님은 "밭은 세상이요"라고 명백하게 말씀하셨습니다. 이 말은 말 그대로 세상을 가리킵니다. 여기에 기록된 변화가 일어나는 곳은 극장이나 무대가 아닌, 바로 "세상"입니다. 이 구절은 좋은 씨를 자기 밭에 뿌리는 한 사람의 모습을 우리에게 보여줍니다. 좋은 씨를 뿌린 사람은 인자, 곧 주 예수 그리스도이십니다. 주님은 씨를 뿌렸습니다. 주님이 뿌린 씨는 좋은 씨였고, 또 자기 밭에 뿌렸습니다. 그리고 이 자기 밭은 곧 세상입니다. 주님은 이 밭에 대한 권리가 있었습니다. 밭은 주님께 속해 있었습니다. 그러므로 이것은 단순한 사실을 말하고 있습니다. 세상은 밭이었습니다. 밭은 예수님께 속해 있었고, 예수님은 이전에는 결코 뿌린 적이 없었던 좋은 씨를 그곳에 뿌렸습니다. 뿌려진 것은 본래 그 땅에 속한 것이 아니었습니다. 따라서 분명 그것은 유대인의 나라나 혹은 유대 종교에 속한 것일 수가 없습니다. 왜냐하면 유대 종교에 속한 것은 이미 전 세대에 속한 것이기 때문입니다. 여기서 말씀하시는 것은 인자(예수님)의 사역입니다. 여기서 언급하고 있는 세상은 씨가 뿌려져서 자라난 적이 있었던 장소가 아니라, 아직 뿌려지지 않은 좋은 씨가 이제 곧 심겨질 장소를 가리킵니다.

하나님의 자녀들이여, 이제 여러분의 주변을 둘러보고, (이 새로운 체계 속으로 분명하게 들어온 사람을 제외하고)과연 세상에서 이처럼 좋은 씨를 발견할 수 있는지를 생각해보시기 바랍니다. 세상이 과연 좋은 씨로 가득한 좋은 밭처럼 보입니까? 지금 세상을 소유하고 있는 사람들의 특징을 알고 있는 사람은 밭과 씨가 얼마나 닮지 않았는지를 능히 말할 수 있습니다. 그러므로 세상은 주님의 소유, 즉 인자의 밭입니다. 따라서 이것은 젠체하며 세상을 자신의 분깃으로 주장하고, 세상을 얻고자 애쓰는 사람들의 지혜와 힘을 좌절시킵니다. 그리고 이런 사람들에 대해서 성경은 "이는 상속자니 자 죽이고 그의 유업을 차지하자"(마 21:38)고 말하는 사람들로 묘사되어 있습니다. 그들은 상속자가 아닙니다. 상속자는 바로 그리스도이십니다. 주님은 취소시킬 수 없는 권리를 가지고 있습니다. 오직 주님만이 확실한 소유권을 가지고 계십니다.

일단 이것이 확립되면 헛된 인간의 교만은 포기되었다고 보여 집니다. 인간은 자신의 몫을 주장했으며, 세상을 자신의 소유로 주장했습니다. 하지만 세상은 인간의 것이 아니라, 그리스도의 것입니다. 세상을 자신의 정당한 권리로 취하고자 하는 사람은 누구나 자신의 것이 아닌 것들에 대해 쓸데없이 간섭하는 것이며, 그런 사람은 정당한 소유자에게 해명을 해야 합니다. 이렇게 세상은 밭이며, 이 밭은 그리스도의 소유입니다. "사람들이 잘 때에 그 원수가 와서 곡식 가운데 가라지를 덧뿌리고 갔더니"(마 13:25) 이 구절에서 우리는 어떤 변화가 일어나게 된 환경과 특징을 볼 수 있습니다. 이 사람들, 즉 밭에서 일하는 일군들은 믿고 잠을 잤는데, 그들이 잠자는 사이에 원수가 와서 악한 씨를 뿌렸습니다.

오, 영혼의 원수들이 가지고 있는 지칠 줄 모르는 끈기에 대해 알고 있는 사람들이 얼마나 적은지요! 일군이 재난을 당한 것은 바로 그가 잠자는 동안에 일어났습니다. 시간에 관해서는 언급되지 않았습니다. 하지만 그는 씨를 뿌렸고, 곧 자라났습니다. 사단은 심지어 그곳에 있는 좋은 씨에 의해서도 방해받지 않았습니다. "싹이 나고 결실할 때에 가라지도 보이거늘"(마 13:26) 하나님은 좋은 씨인 자기 백성들을 위해 확실하게 그것들을 통제하십니다. 하지만 분명한 사실은 가라지도 더불어 뿌려지고, 싹을 낸다는 것입니다. 가라지는 즉시 보이지 않을지도 모릅니다. 하지만 여전히 땅 속에 있으며, 어쩌면 굉장히 많을 수도 있습니다. 일군들이 잠들었습니다. 원수가 아무도 모르게 들어와서 알곡 사이에 가라지를 덧뿌리고 갔습니다. 재앙을 심은 것입니다. 이 가라지가 온 밭을 차지하고 싹을 낸 것을 보지 못한 일군들은 영적 분별력이 부족했음이 분명합니다.

우리가 지속적이고 열정적으로 깨어있어야 할 필요는 바로 땅이 가라지로 가득하지 못하도록 하는데 있는 것이 아닙니까! 깨어있을 필요 뿐만 아니라 우리가 서있는 위치에 대한 인식도 필요합니다! 알곡과 가라지를 분명히 구분해야 하지 않습니까! 그 둘 사이에 영원한 구분의 벽이 있어야 하지 않습니까! 이에 대해 충분히 인식하지 못하고 있지는 않습니까! 도덕적으로 악한 모습들이 너무도 많이 허용되고 있음에 대해 슬프고도 아픈 경험들을 하고 있지 않습니까! 신자들 사이에 매우 불행하고도 수준 낮은 상태를 묵인하는 풍조가 있지는 않습니까! 세상과 하나님의 것들을 혼합함으로써, 주님의 일에 분명한 퇴보와 하락이 있지 않습니까! 우리는 그 원인들을 주의 깊게 생각하고 있습니까? 우리는 여기서 이 모든 것을 발견합니다. 일군이 잠을 자고, 원수를 들어오게 했습니다. 그렇게 들어온 것은 시편 기자가 "하나님이여 일어나사 주의 원통을 푸시고 우매한 자가 종일 주를 비방하는 것을 기억하소서"(시 74:22)라고 말한 것처럼 주님의 원수였습니다.

주님은 주님의 대의와 자기 백성들의 대의를 만드십니다. 그들은 주님의 것입니다. 따라서 주님의 백성들의 원수는 곧 주님의 원수인 것입니다. 주님은 자기 백성들을 "형제들"이라고 부르십니다. "내가 주의 이름을 내 형제들에게 선포하고"(히 2:12) 하나님의 성도들은 전쟁이 주님의 손 안에 있다는 것을 알 때, 이 선언으로부터 많은 용기를 얻습니다. 성도들은 "(주님의)원수"라는 이 작은 단어를 큰 기쁨으로 바라봅니다. 우리의 부족과 결함들을 생각하고, 우리가 잠들 때 원수가 들어온다는 자각이 있다하더라도, 주님을 바라봅시다. 우리 자신에 대한 부끄러운 마음으로 가득할지라도 치료책이 있음을 기대합시다. 우리는 이 작은 단어를 통해 사단은 그분의 원수이고, 따라서 우리는 그 원수에 대적하시는 그리스도의 능력을 갖게 된다는 것을 배우게 될 것입니다.

"싹이 나고 결실할 때에 가라지도 보이거늘"(마 13:26) 이것은 원수가 일한 성공적인 결과였습니다. 가라지도 함께 싹을 내었습니다. 처음에는 외적인 구분이 없었습니다(겉모양으론 구분할 수 없었습니다). 그들은 함께 섞여 있었습니다. 이와 같은 현재 상태에 대한 치료책은 없었습니다. 즉시 세상을 바로잡는 것은 하나님의 계획이 아닙니다. 인간은 신실치 못한 청지기입니다. 인간은 태만했고, 원수가 들어오도록 했습니다. 밭은 가라지로 가득하게 되었습니다. 하지만 하나님의 계획은 그것으로 실패하지 않으십니다.

종들이 와서 물었습니다. "주여 밭에 좋은 씨를 심지 아니하였나이까 그러면 가라지가 어디서 생겼나이까"(마 13:27) 주님은 "원수가 이렇게 하였구나."라고 대답했습니다. 하나님의 아들이신 주님은 자신이 좋은 씨를 뿌린 자기 밭을 보았을 때, 또한 가라지로 가득한 것을 발견했습니다. 상황은 그러했지만 우리는 가라지를 뿌리 뽑음으로써 세상을 바로 잡는 것이 하나님의 지혜가 아니라는 것을 봅니다. 종들은 "그러면 우리가 가서 이것을 뽑기를 원하시나이까?"

(마 13:28)라고 물었습니다. 이 말은 인간의 지혜를 따라 나온 것으로서, 곧 가라지를 잡아 뽑고, 이단들을 뿌리 뽑아, 악을 제함으로써 세상을 바로 잡기를 원하는 것입니다. 이것은 인간 자신의 욕망을 따라 나온 것입니다. 주님은 "가만 두어라 가라지를 뽑다가 곡식까지 뽑을까 염려하노라"(마 13:29)고 말씀하셨습니다. 이러한 제안에 응하는 것이 불가능한 현재 상황이 존재하고 있음을 나타내신 것입니다. 그들은 함께 있으면서, 함께 자라도록 그냥 두어야 합니다. 만일 제가 당신에게 가라지를 뽑을 수 있는 권세를 준다면, 당신은 부지불식간에 가라지와 함께 곡식까지 뽑을 수 있습니다. 그런 일이 일어나서는 안됩니다.

"둘 다 추수 때까지 함께 자라게 두어라"(마 13:30)

주님은 은혜로우시게도 39절 말씀의 의미를 설명하셨습니다. "추수 때는 세상 끝이요"(마 13:39) 여기 "세상"이란 단어는 앞의 "밭은 세상이요"에서 사용한 단어와 같은 것이 아닙니다. 이 단어는 의심의 여지없이(문자적인 번역 그대로) 시대(the age) 혹은 세대(dispensation)라는 뜻으로, 곧 우리는 이 구절을 "추수 때는 이 세대의 끝이요(the harvest is the end of the age)"라고 읽어야 합니다. 이 단어가 처음 사용된 용법을 보면, 이 단어는 단순히 "세상"을 의미했고, 이러한 엄청난 일이 벌어지는 배경이었습니다. 이 말은 장소의 개념과는 거리가 멀고, 그 일이 벌어지는 시간 개념을 나타내고 있습니다. 그래서 한 시대, 혹은 세대의 끝과 "추수 때"는 같은 말인 것입니다. 주님은 "둘 다 추수 때까지 함께 자라게 두어라 추수 때에 내가 추수꾼들에게 말하기를 가라지는 먼저 거두어 불사르게 단으로 묶고 곡식은 모아 내 곳간에 넣으라 하리라"(마 13:30)고 말씀하십니다.

이제 이것은 우리에게 가라지를 먼저 거두어 불사르게 단으로 묶고 그 후에 곡식을 모아 곳간에 넣는 일이 있음을 보여줍니다. 이 일 후에 가라지의 멸망에 대해 주님은 설명하셨습니다. "그런즉 가라지를 거두어 불에 사르는 것같이 세상 끝에도 그러하리라 인자가 그 천사들을 보내리니 저희가 그 나라에서 모든 넘어지게 하는 것과 또 불법을 행하는 자들을 거두어 내어 풀무 불에 던져넣으리니"(마 13:40-42) 그리고 이 일 후에 즉 가라지를 불에 사른 후에, "그 때에 의인들은 자기 아버지 나라에서 해와 같이 빛나리라 귀 있는 자는 들으라"(마 13:43)

여기에는 순서가 있습니다. 가라지는 불사르게 단으로 묶여집니다. 곡식은 곳간에 넣어집니다. 가라지의 멸망 혹은 그들의 전체적인 불사름은 그 후에 일어납니다. 그리고 마지막으로 그들의 멸망 후에 "그 때에 의인들은 자기 아버지 나라에서 해와 같이 빛"날 것입니다.

주님이 제자들에게만 말씀하신 세 번째 비유에서 우리는 주님이 이와 비슷하게 말씀하시는 것을 보게 됩니다. 천사들은 지금까지 섞여 있어 온 것을 두 부분으로 나누어, 좋은 것은 그릇에 담고, 못된 것은 내어버림으로써 멸망시킵니다. 그 후에 의인들은 자기 아버지의 나라에서 해와 같이 빛날 것입니다. 이것은 우리에게 하나님을 향해 살아 있는 존재, 곧 그분의 자녀들의 방해받지 않는 복됨을 보여줍니다. 그 시간이 오고 있습니다. 이것은 성도들이 크게 사모하는 것입니다. 현재 이 세상의 여러 상황들은 그때가 가까움을 알려주고 있습니다. 성도들은 가라지들이 부정과 불법 가운데 빠른 속도로 무르익어가면서, 멸망당할 준비를 하고 있는 것을 보고 있습니다. 또한 성도들은 하나님의 자녀들도 무르익어 가는 것을 봅니다. 지금은 비록 그 둘의 차이가 슬프게도 명백하게 나타나지 않을지라도, 주님은 추수 때까지 그 둘을 자라도록 하셔서, 결국은 각자 따로 거두어들이실 것입니다.

가라지 또한 자라게 되지만, 멸망을 향해 무르익고 있는 것입니다. 비록 자신들이 잘 되어간다고 생각하며, 또 그들을 사로잡는 아무 두려움도 없지만 사실은 확실하고도 급작스런 심판이 그들을 기다리고 있습니다. 그들은 그 날이 오지 않을 것처럼 말하고 행동합니다. 하지만 하나님은 참되시며, 그분의 말씀은 반드시 이루어질 것입니다. 요한계시록 14장 14-20절을 읽으시길 바랍니다. 여기에는 자신들에겐 아무런 해함도 없을 것으로 생각했던 가라지들이 결국에는 거두어지는 것이 나옵니다. 그들은 불법 가운데 자신의 힘을 키웠습니다. 자신들의 힘과 능력, 또는 권세를 하나님의 섭리로 생각했습니다. 사실 하나님의 섭리는 그들이 단으로 함께 묶이는 것입니다. 그들이 힘과 능력과 권세를 가진 것, 바로 그것이 그들의 완전한 멸망을 입증하는 것입니다.

"열방은 자기가 판 웅덩이에 빠짐이여 그 숨긴 그물에 자기 발이 걸렸도다"(시 9:15)

"악인은 피차 손을 잡을지라도 벌을 면치 못할 것이나"(잠 11:21)

곡식은 그 큰 날, 곧 심판의 날에 세상에 남겨 지지 않을 것입니다. 곡식은 곳간에 넣어지게 될 것입니다. 그들은 휴거되어 이 땅에서 사라지게 될 것인데, "그 후에 우리 살아남은 자도 저희와 함께 구름 속으로 끌어올려 공중에서 주를 영접하게 하시리니 그리하여 우리가 항상 주와 함께 있으리라"(살후 4:17) 함과 같습니다. 그들은 주님의 원수들이 멸망 당하는 것을 목도할 것입니다. 그리고 "그 때에 의인들은 자기 아버지 나라에서 해와 같이 빛나"(마 13:43)게 될 것입니다.

여기에서 우리는 하나님의 자녀들의 복됨을 보고, 또 하나님의 사랑의 미래적인 결과가 증명하게 될 그 복됨의 완전한 성격을 봅니다. 다만 거치게 하던 모든 것들이 제거되어진다는 것을 기억하시기 바랍니다. 모든 불법이 불살라지고 멸망당하게 될 것입니다. 성도들은 안전하게 곳간에 넣어집니다. 그리고 그들은 빛을 발할 것입니다. "그 때에 의인들은 자기 아버지의 나라에서 해와 같이 빛나리라"는 말씀을 주목하시기 바랍니다. 그들은 의인들입니다. 하지만 누가 의인일 수가 있을까요? 그들은 그리스도와 연합된 사람들입니다. "여호와 우리의 의"(렘 23:6), "의로운 해"(말 4:2), 그리고 "저는 돋는 해 아침 빛 같고 구름 없는 아침 같고 비 후의 광선으로 땅에서 움이 돋는 새 풀 같으니라 하시도다"(삼하 23:4)고 말씀하신 그리스도의 성품을 덧입은 사람들입니다. 여기 다윗의 마지막 말 속에서 우리는 주님의 재림 시에 주의 영광에 대한 설명과 함께, 동시에 악인의 멸망에 대한 묘사를 보게 됩니다. 같은 본문의 다음 구절에서는 동일한 사건을 언급하고 있습니다. "그러나 사악한 자(악한 자의 자녀)는 다 내어 버리울 가시나무 같으니 이는 손으로 잡을 수 없음이로다"(삼하 23:6) 즉 그들은 사람의 가르침과 권면에 의해서는 바르게 교정될 수 없는 사람들입니다. "그것들을 만지는 자는 철과 창자루를 가져야 하리니 그것들이 당장에 불사르리로다 하니라"(7절) 즉 그들은 가라지가 불태움을 받는 동일한 장소에서 불살라지게 될 것입니다.

그리스도는 의로운 해이십니다. 그러므로 성도들 또한 의롭습니다. 그리스도는 해이십니다. 그러므로 성도들 또한 해와 같이 빛날 것입니다. "그가 나타내심이 되면 우리가 그와 같을 줄을 아는 것은 그의 계신 그대로 볼 것을 인함이니"(요일 3:2) 우리는 그리스도와 같이 될 것입니다. 이 복됨은 구약의 성도들도 묵상하고 말했던 것입니다. 우리는 그 사실을 다윗이 한 다음의 말 속에서 보게 됩니다. "나는 의로운 중에 주의 얼굴을 보리니 깰 때에 주의 형상으로 만족하리이다"(시 17:15) 의인으로서 해와 같이 빛나는 것, 바로 그것을 다윗은 간절히 사모하며 바라던 것이었습니다. 자신에게 하나님의 존귀가 더해지고, 사단과 그의 천사들이 쫓겨나고, 하나님의 모든 원수가 멸망을 당하며, 또한 자신이 그리스도의 형상을 닮게 될 때, 그때에 다윗은 만족하게 될 것입니다. 그리고 사도 바울 또한 이러한 소망을 다음과 같이 강하게 표현

했습니다. "어찌하든지 죽은 자 가운데서 부활에 이르려 하노니"(빌 3:11) 우리가 그리스도를 그의 계신 그대로 보게 되고, 또 그리스도를 온전히 닮게 될 때, 해와 같이, 의로운 해와 같이 빛나게 될 것입니다. 그것이 지금 우리가 성령 안에서 보는 것이며, 또한 그것이 우리가 지금 믿음 안에서 믿는 바입니다. 우리가 현재 소망하는 것은 그리스도의 왕국에서 예수님과 같이 되는 것입니다.

사랑하는 형제들이여, 여러분 속에 이러한 영광을 간절히 사모하는 마음이 있습니까? 이러한 것들을 즐거워하는 감각이 있습니까? 오, 그러한 마음이 있다면 지금 이 경건치 않은 세상을 위협하고 있는 하나님의 심판 날의 먹구름이 경건치 않은 자들 위에 의로운 심판으로 덮이게 될 것과 우리는 해와 같이 빛날 것을 알게 될 때, 진정 많은 희락, 곧 매우 실제적이고 깊은 위로가 쌓이고 있는 것입니다. 이 구름들이 사라지고 또 흩어지며, 모든 불법이 제거될 때, 그 때 의인들은 강성해질 것입니다. 그리고 의인들의 큰 기쁨의 시기가 임하게 될 것입니다!

형제들이여, 이러한 것들이 여러분의 마음에 기쁨으로 와 닿고 있습니까? "자기 아버지의 나라에서"라는 구절을 주목해보시기 바랍니다. 여기 이 구절 속에 하나님의 자녀들의 행복이 감추어 있는 것을 보십니까? 이 구절에는 하나님의 자녀들을 향한 엄청난 축복이 담겨져 있습니다. 이것은 주 예수님이 성도들에게 주신 위치, 곧 하나님의 나라에서 하나님을 자기 아버지로 삼은 축복을 보여줍니다. 우리는 그 엄청난 결과를 보고 있습니다. 그들은 의롭게 되어, 의로운 해로서 빛을 발할 뿐만 아니라 자기 아버지의 집으로 인도함을 받게 될 것입니다. "내 아버지 집에 거할 곳이 많도다 그렇지 않으면 너희에게 일렀으리라 내가 너희를 위하여 처소를 예비하러 가노니"(요 14:2) 주님은 그들을 형제로 부르시며, 하나님을 자기 아버지로 바라보도록 하시고, 또한 자신을 그들과 하나로 연합시키셨습니다. "내가 주의 이름을 내 형제들에게 선포하고"(히 2:12) 그리고 또 다시 "내가 내 아버지 곧 너희 아버지, 내 하나님 곧 너희 하나님께로 올라간다 하라"(요 20:17)고 말씀하셨습니다.

모든 신자들이 미리 맛볼 수 있는 엄청난 위로에는 두 가지가 있습니다. 곧 신자들은 이 땅에서 자신들이 사랑했던 구주를 직접 보게 되는 것과 자신들이 주의 영광에 참여하여 주와 같이 되며, 주님 안에서 발견되게 되는 것입니다. 이것이 신자들이 앞을 바라보고, 추구하면서 즐거워해야 할 것들입니다. 당신이 진정 하나님의 자녀라면, 무엇 때문에 근심하는 것입니까? 당신 자신의 높은 특권을 생각하십시오. 우리는 주님을 그의 계신 그대로 볼 것이며, 그와 같이 될 것입니다. 우리는 아버지 하나님의 현존 가운데, 아버지 집에서, 우리 아버지의 나라에서, 그분과 영원토록 사귐을 가지게 될 것입니다.

이것이 하나님의 자녀들의 분깃입니다. 그리고 우리는 이 분깃을 바로 이 땅에서도 즐기도록 부르심을 받았습니다. 왜냐하면 그것은 이미 우리의 것이기 때문입니다. 그것은 우리를 위해서 예비된 기업이며, 우리는 우리 아버지의 나라에서 해와 같이 빛나도록 예정을 받았습니다.

교회는 현재 이 세상에서 부재(不在)하신 주님으로 인해 항상 애통해하지는 않을 것입니다. 주님은 자신의 신부인 교회를 데리러 오실 것입니다. 교회를 자신에게로, 곧 현재 주님이 있는 그곳으로 인도하여 자기와 함께 있게 할 것입니다. 따라서 주님은 "아버지여 내게 주신 자도 나 있는 곳에 나와 함께 있어"(요 17:24)라고 기도하십니다. 그리고 주님 안에서 교회는 완전함을 입게 될 것입니다. 이는 아버지께서 주님을 "만물 위에 교회의 머리로 주셨느니라 교회는 그의 몸이니 만물 안에서 만물을 충만케 하시는 자의 충만이니라"

(엡 1:22,23)함과 같습니다. 따라서 여기 그리스도와 함께 한 교회의 위치가 있습니다. 한 몸, 한 마음, 만물 안에서 하나로 통일되고, 취향도 하나(one in tastes)요, 갈망도 하나입니다.

따라서 신자들은 이 사랑을 자신들에게 주시기 위해, 그리고 우리들의 기쁨과 기업을 구속하기 위해 자신을 희생하신 주님을 바라봄으로써, 아버지의 사랑을 가장 복되게 맛봅니다. 신자들은 아버지의 사랑을 느낍니다. "내가 너희를 위하여 아버지께 구하겠다 하는 말이 아니니 이는 너희가 나를 사랑하고 또 나를 하나님께로서 온 줄 믿은 고로 아버지께서 친히 너희를 사랑하심이니라"(요 16:26,27) 만일 우리가 참된 신자라면, 우리 마음을 우리를 기다리고 있는 축복에 대한 생각으로 가득 채웁시다. 그래서 바닥으로 푹 꺼져버리거나, 아니면 영적인 기쁨의 겉 표면만을 떠다니지 않도록 합시다.

이 세상에서 당신이 처한 환경이 어떠하든지, 당신의 걱정거리 또는 갈등이 무엇이든지 그것은 상관이 없습니다. 그것은 순간에 불과합니다(잠깐 있으면 다 지나갈 것들입니다). 성도의 분깃은 기뻐하는 것입니다. 하지만 당신으로 하여금 엎드리게 하는 것이 있다면, 그것은 무엇입니까? 혹시 그것은 당신 자신의 연약에 대한 느낌이 아닙니까? 어째서 여호와를 기뻐하는 것이 바로 우리의 힘인 것을 모르십니까? 왜 당신은 고통 가운데 있습니까? 당신을 계속해서 낙담케 하는 것이 무엇입니까? 죄악된 세상일까요? 아닙니다. 당신을 낙담시키는 것은 당신 영혼의 원수인 사단입니다. 당신 영혼의 원수인 사단이 당신의 기쁨을 방해하는 주요한 원인입니다. 당신이 확신해야 할 것은 바로 원수가 정복되었다는 것이고, 이로 인해 당신은 기뻐할 수 있다는 것입니다. 만일 그것이 당신의 원수라고 느낀다면, 당신이 알아야 할 것은 그는 하나님의 원수라고 하는 것입니다. 그렇다면 당신은 주 예수님과 같은 입장과 위치에 서게 되는 것입니다. 우리가 주님과 같은 쪽에 있을 때, 우리는 공동의 적과 싸우게 될 것입니다. 예수님은 제자들에게 환란을 당할 것을 경고하셨지만, 주님의 평안을 약속하셨습니다. 성령님이 제자들과 함께 하실 것과 주님이 그들을 위해 하신 모든 사역에 대해 증거하실 것을 약속하셨습니다. "내가 세상을 이기었노라"(요 16:33) 만일 당신이 주님의 사랑을 받고, 또 이 세상에서 행복하게 된 주님의 제자들 가운데 하나라면, 당신이 아버지의 나라에서 해와 같이 빛나게 될, 그 엄청난 행복이 당신을 기다리고 있음을 생각해보시기 바랍니다! 그 날에 주님을 "그의 계신 그대로" 보게 될 우리는 참으로 복 있는 사람들입니다. 먼저 우리는 주님과 같이 될 것이며, 그 후에 "그의 계신 그대로" 보게 될 것입니다. 오 이 복됨이여! 결국 모든 환난과 어려움은 끝이 나고, 우리는 주와 같은 형상으로 깨어나게 될 것입니다.

그리스도를 믿는 여러분, 예수님을 만나게 뵙게 될 것을 생각하면서도, 당신 속에서는 기쁨이 샘솟는 듯한 것이 아무엇도 없단 말입니까? 세상이 싫어지고, 또 세상이 주는 쾌락이 아무 의미도 없다는 것을 진정으로 깨닫고 있습니까? 예수님을 사랑하는 영혼은 그 모든 원수들을 이기신 분을 사랑합니다. "내리셨던 그가 곧 모든 하늘 위에 오르신 자니 이는 만물을 충만케 하려 하심이니라"(엡 4:10) 이 구절에는 하나님의 사랑의 아들이 나타나신 것과 겸손하게 자신을 낮춰 사람의 아들로 나신 것, 그리고 우리의 슬픔과 고통을 대신 지시고, 또한 우리에게 기쁨과 위로를 주시고, 우리의 죄를 영원토록 제거하신 것이 나타나 있습니다. 우리의 기쁨과 확신의 근거는 그 동일하신 주님이 높은 곳에 오르시면서, "사로잡힌 자를 사로잡고", 즉 주님과 신자들의 공동 원수인 사단을 멸하신 것에 있습니다. "담대하라 내가 세상을 이기었노라"(요 16:33)

하나님의 지혜가 곧 세상에 드러날 것이며, 그에 대적하던 모든 것들이 멸망한다는 사실이 당신에게 위로가 되고 있습니까? 세상이 심판을 받게 되고, 모든 불법이 제거되기를 바라십니까? 예수님이 곧 오신다는 것을 듣는 것이 당신 마음에 기쁨이 되고 있습니까? 실제로 당신은 예수님이 지금 당장 오시기를 바라십니까? 오, 주님이 오실 때가 얼마나 남지 않은 이때, 주의 성도들이 온전히 주님을 닮아야 하는 이때, 도리어 불법의 일군들과 혼합되고, 불법한 일군들의 습관과 그들이 추구하는 성향과 그들을 만족시키는 일들을 좇는 것을 볼 때, 참으로 애통하고 안타까운 일입니다.

형제들이여, 여러분들은 더욱 단순하면서도 온전히 우리 구주의 형상을 닮는 길로 나아가도록 기도하시기를 바랍니다. 또한 여러분들이 세상의 거룩치 못한 욕심과 여러분들의 영혼을 만족시킬 수 없는 것들로부터 정결케 되도록 기도하십시오. 그렇게 함으로써 우리 주님이 나타나실 때, 주님을 만나 뵐 준비를 하시기를 간구합니다. 아멘.

복음 셋_
하늘로 좇아 경고하시는 하나님

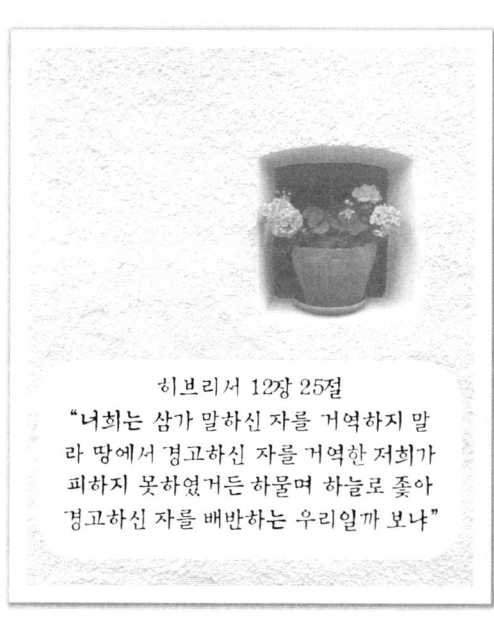

히브리서 12장 25절
"**너희는 삼가 말하신 자를 거역하지 말**라 땅에서 경고하신 자를 거역한 저희가 피하지 못하였거든 하물며 하늘로 좇아 경고하신 자를 배반하는 우리일까 보냐"

하늘로 좇아 경고하시는 하나님

God Speaking From Heaven

사도는 이 권면의 말을 그리스도께서 말씀하시는 특징에 근거해서 히브리인들에게 하고 있습니다. 주목하십시오. 주님이 이제 말씀하시는 중요한 특징은 특별하게 "하늘로 좇아" 하는 것입니다. 이것은 전에 땅 위에서 말씀하셨던 것과는 전혀 다릅니다.

"땅에서 경고하신 자를 거역한 저희가 피하지 못하였거든[즉, 그분께서 시내 산에서 말씀하실 때에, 그분의 의로

우신 율법이 천둥치듯 울려 퍼졌던 것입니다! 하물며 하늘로 좇아 경고하신 자를 배반하는 우리일까 보냐" - 이는 곧 하나님의 우편에 앉아 말씀하고 계신 것으로, 곧 주 예수님께서 영광 중에서 말씀하시는 것입니다.

여기에 대조되는 것이 있습니다. 현재 하늘로부터 말씀하시는 그리스도는 전에 땅에서 말씀하셨던 분이십니다. 죄를 범한 자들에게 그 때에 일어났던 일들을 통해 더욱 두려운 경고의 말씀을 발하셨던 것입니다.
"그 때에는 그분의 음성이(KJV 참조) 땅을 진동하였거니와".

하지만 거룩함을 이루는 말씀이 있습니다. 곧 "내가 또 한 번 땅만 아니라 하늘도 진동하리라 하셨느니라 이 또 한 번이라 하심은 진동치 아니하는 것을 영존케 하기 위하여 진동할 것들 곧 만든 것들의 변동될 것을 나타내심이니라."고 하신 말씀입니다.

사랑하는 친구들이여, 이러한 것들은 현재 성도들이 있는 자리입니다. 신자들이 단순히 소유하고 있다는 의미보다는, 그들 속에 이미 내재하고 있다는 뜻입니다. 그러므로 "하늘로 좇아 경고하시는" 그분께로부터 돌아서지 않도록 경고하는 것입니다.

이것이 신자들이 서 있는 기반입니다. 한편으로 신자는 충만한 축복 - 절대적인 소망 - 을 바라보고 있습니다. 그것은 하늘로 좇아 말씀하시는 음성이 우리에게 알려주신 것입니다. 또 다른 한편으로 신자는 예수님의 말씀 외에는 의지할 수 있는 것이 아무 것도 없다는 것을 알고 있습니다. 그분의 말씀은 철저히 입증된 견고한 말씀입니다. 바로 이것이 제거될 수도 진동할 수도 없는 것입니다. 이것에 연합되지 않은 것은 무엇이라도 진동하며 제해질 것입니다. 말씀에 거역하는 모든 것을 제거하시려고 하늘로부터 음성이 들려올 때, 하늘에 속하지 않은 모든 것들은 사라질 것입니다.

그 때에 오직 예수님 외에는 의지할만한 것이 아무 것도 없는 신자들에게 이 음성은 큰 축복을 의미합니다. 이때 단순히 의롭게 되는 길 안에서만 예수님을 의지하는 것이 아니라, 모든 것에서 의지하는 것입니다. 그 밖에 모든 것들은 하나님께 거역하며, 이러한 말씀이 끝나는 때에는 은혜에 속하지 않은 모든 것들은 다 사라지게 될 것입니다. "그 때에는 그 소리가 땅을 진동하였거니와" 즉 그 때에 주님이 땅을 진동하셨습니다. 무시무시한 광경이 아닐 수 없습니다. 온통 불붙는 산과 엄청나게 큰 지진이 있었습니다. 이것은 큰 두려움을 자아내기에 충분했습니다. 하지만 이제 하나님의 자녀들에겐 축복이 나타났는데, 곧 하나님의 자녀는 그 무시무시한 곳에 이르지 아니한다는 것입니다.

"너희가 이른 곳은 만질 만한 불붙는 산과 흑운과 흑암과 폭풍과 나팔 소리와 말하는 소리가 아니라…그러나 너희가 이른 곳은 시온 산과 살아계신 하나님의 도성이라".

여기엔 우리가 신자로 부르심을 받은 시대의 특징이 있습니다. 이 말씀은 명목상의 교회에서도 전해지지만 실은 하나님께 살아있는 참된 신자들에게만 해당이 됩니다. 참된 신자인 우리는 여기에 이르렀습니다. 우리에게 보증이 되는 것은 곧 하늘로 좇아 말씀하시는 음성이며, 이미 들었던 예수님의 음성입니다. 영광 안에 들어가신 주님이 거기로부터 말씀하시는 것입니다.

따라서 우리는 히브리서 12장 25절의 말씀에서 땅에서 말씀하셨던 동일한 예수님께서 이제는 하늘로 좇아 말씀하시는 것을 배울 수 있습니다. "그가 하늘에 올라가셨다 하였은즉, 먼저 땅의 아랫 곳으로 내리셨던 것이 아니냐?" (엡 4:9). 주 예수님께서는 그분의 백성들의 행복을 방해했던 모든 것과 또 그들이 실패한 모든 일들을 완전하게 성취하신 후에, 특별하게 말씀하고 계십니다. 우리에게 말씀하고 있는 이 음성은 우리의 죄들을 인해 죽기까지 낮아지신 인자이신 바로 그리스도의 음성인 것입니다. 세상에 오셔서 슬픔과 질고를 겪으시고, 십자가에 못 박히시고, 죽으시고, 장사되시고, 부활하시고, 하늘에 오르셔서, 이제는 하늘로 좇아 말씀하시는 분으로 이 모든 과정을 통과하시고, 이제는 하나님 우편에 계셔서, 그 후로부터는 그분의 백성들을 거기로 초대하고 계십니다.

그 후로 하늘로부터 이 예수님이 자신의 이루신 일을 증거하며, 화평의 증인으로서 말씀하는 음성을 듣는 것이 하나님의 자녀의 즐거움입니다. 즉 단번에 자신을 희생 제물로 드리심으로 그분의 백성의 죄를 담당하시고, 그 죄들을 영원히 제거하심으로써 승리하신 것을 선전하시는 것입니다. 또 이 승리의 위치에서 '하나님과 너희를 갈라놓았던 죄를 영원히 제했노라.'고 말씀하시며, 또한 '내가 안식과 영광에 들어갔으니, 곧 하나님의 존전에 너희의 대언자(representative)로서 있노라.' 고 말씀하십니다. 이러한 음성이 우리 귀에 들려지고 알려질 때에, 비로소 우리는 평안을 갖게 됩니다.

그러므로 주 예수님께서 하늘로서 말씀하실 때에, 아버지께서 그에게 이루도록 하신 모든 일을 성취하셨음을 의미합니다. 그분께서는 이러한 것들을 생각하시고 말씀하시는데, 곧 그분께서 우리를 개인적으로 찾아오실 때, 성령의 능력 안에서 그 동일한 것을 깨닫도록 하십니다. 구속자로서 주님은 죄를 담당하셨고 - 그분의 백성들을 책임지십니다. 또한 주님 자신 또한 지극히 만족스럽게 자기 백성들을 완전히 사면(赦免)해 주신 것입니다.

이제 그분은 하늘에 오르셔서 말씀하십니다. "다 이루었다. 아버지의 존전에서 내가 너희에게 말하는 것은 내가 이미 이룬 일의 결과이다. 내가 너희에게 가져올 찬란한 영광 가운데 있노라'. 여기에 그분의 말씀하시는 음성이 있습니다. 만일 지금 그분께서 하늘로서 어떤 사람에게 말씀하신다면, 위와 같은 내용일 것입니다. 그 음성은 실로 희미하게 들릴지도 모릅니다. 하지만 이제 그 음성이 선포하는 바는 예수님께서 우리 신자들의 심령 가운데 증거 하시길 바라시는 바로 위의 내용들일 것입니다.

    그것은 긍휼의 이야기로서 다함이 없으며, 말로 다 형용할 수 없는 긍휼하심에 관한 것입니다. 그것은 자신의 죄로 시작하는 불쌍하고 두려워 떠는 영혼의 이야기입니다. 이것은 마음과 생각의 깊은 성찰로부터 시작하지만, 그 시작부터 마지막까지 평강을 위한 것입니다 - 찬송할 평강이로다! 그 음성은 계속하여 말하길 '저희의 죄들을 사하노라' - 완전히 제해져서 더 이상 하나님의 진노하심이 없는 것입니다. 더 이상 죄를 위해 요구될 것이 없습니다. 예수님께서 이미 이루셨습니다. 당신에게는 실로 이 세상에서 슬픔이 있을 것입니다. 이는 당신이 영광의 주님이신 그리스도를 못 박고 거부한 이 세상 한 가운데 있기 때문입니다.

당신은 여전히 철저하고 완전한 적대감을 표현하는, 심지어 모든 축복의 창시자이신 분을 거부하는 이 세상 가운데 있습니다. 바로 이 세상을 주님께서 이기셨습니다. 그분은 세상에 의해 못박히시고 아버지께로 다시 가셨습니다. 세상은 주님을 전적으로 배척한 것 외에, 무엇을 더했습니까? 하지만 이제 그분은 하늘에서 말씀하십니다. 그곳에서 주님은 무엇을 말씀하고 계십니까? 주님은 세상에 속한 것으로부터 철저히 구별되셨습니다. 주님은 그 중에 어떤 것도 소유하고 계시지 않으십니다. 주님께서 자신을 낮추시고 오셨을 때에 세상은 그분을 영접하려고 하지 않았고, 이제 하나님 아버지 보좌 우편에 앉으신 주님은 세상을 소유하고자 하지 않으십니다.

그리스도는 이제 그분을 거절한 세상을 향해 하늘로서 말씀하십니다. 세상은 주님을 거절하여 죽음에 넘겼지만, 주님은 그 악으로 오염된 세상을 이기신 것입니다. 이것이 하나님의 백성들의 축복이 될 것입니다. 왜냐하면 이로써 하나님의 백성인 우리가 완전한 구원을 알게 되었기 때문입니다. 한 때는 땅에서 말씀하셨던, 그 그리스도께서 이제 하늘로 좇아 말씀하시며, 그분께서 시작하셨던 모든 것이 완전히 성취된 확실한 증거를 보여주십니다. 아니 더 많습니다. 주님의 이러한 하늘로부터 말씀하심에 의해 우리 믿는 이들은 여기서 우리가 이르게 되는 모든 것을 알 수 있는 특권이 부여되었습니다. 이 음성은 "너희가 이른 곳은 시온 산과 살아계신 하나님의 도성인 하늘의 예루살렘과 천만천사와 총회이다. 또 하늘에 기록한 장자들의 교회와 만민의 심판자이신 하나님과 및 온전케 된 의인의 영들과 새 언약의 중보이신 예수와 및 아벨의 피보다 더 낫게 말하는 뿌린 피니라"고 말합니다.

여기서 우리는 하나님께 받아들여졌다는 확신뿐만 아니라, 구원의 완전성(entireness of deliverance)까지도 받았다는 확신을 갖게 됩니다. 승리를 체험하는 것뿐 아니라, 그것을 체험할 수 있는 특권까지도 복으로 받은 것입니다.

부르심을 받은 자들의 분깃은 얼마나 복된 것인지요! 우리를 위해 이미 이루어진 구원! - 보라 지금은 구원의 날이로다! 이러한 음성은 결코 얼마 전에 일어났거나, 먼 곳에서 일어난 어떤 것에 대해 말하는 것이 아닙니다. 오직 이 음성이 권능으로 우리 심령 가운데 이르게 되면 이러한 것들이 실제화되는 것입니다. 그것은 우리 심령으로 다음과 같이 말하게 합니다. "마침내 나는 이러한 것들에 이르렀노라". 왜냐하면 그분께서 거기 계시기 때문에 따라서 믿음은 이런 것들을 가깝게 느끼게 합니다. 이것이 성령의 능력 아래 있을 때에 믿는 자들이 깨닫는 그들의 위치입니다. 성령의 능력은 하나님과의 친밀한 교제를 방해하며 저지하는 모든 것들을 완전히 버리도록 합니다. 그리하여 그로 하여금 하나님과 연합하여 친밀한 교제를 즐기는 특권을 누리게 합니다.

이 모든 것을 예수님께서는 하늘로서 말씀하십니다. 그러므로 그분의 음성은 평강의 음성이며, 이 평강은 어떠한 환경 속에서도 누릴 수 있는 평강입니다. 주님은 이 유한한 삶 속에 있는 모든 종류의 시련과 고난 중에서도 같은 것을 말씀하십니다. 우리는 때로 머리를 떨어뜨리고 자신의 어려움에 대해 고민할 수도 있습니다. 하지만 하늘에서는 예수님께서 승리를 염두에 두시면서 완전한 평온함 가운데 앉아 계시며, 오직 평강의 말씀만을 하고 계십니다. 이 세상으로부터는 늘 박해와 고난과 화가 들립니다. 하지만 하늘로서 들리는 예수님의 음성은 오직 평강만을 말하고 있습니다. 주 예수님의 음성은 평강의 음성이며, 안식을 주시는 음성입니다. 이러한 평강을 깨뜨리는 것은 무엇이나 예수님께로 온 것이 아닙니다.

그리스도인의 이러한 위치는 지금 계신 그대로 예수님과 완전히 하나되어 한 영(spirit) 안에 있는 것입니다. "뼈 중의 뼈요, 살 중의 살이라," 그러므로 그분은 우리 연약함을 체휼하실 수 있는 것입니다. 우리는 유혹에 빠지고, 근심에 시달리며, 압제 당할 수도 있지만, 그럼에도 불구하고 우리는 "진동치 아니하는 것들"에 이르렀습니다.

"주와 합하는 자는 한 영이니라"

이것은 실로 희미하게 보일 수 있지만, 비현실적인 것이 아닙니다. 매우 실제적인 것입니다. 다만 믿는 자 안에 거하시는 성령의 능력에 의해서만 실제적인 것으로 체험할 수 있습니다. 우리는 연약함 가운데서 "옛 사람"을 보지만, 그 옛 사람은 이미 십자가에 못박혔습니다. 따라서 이제는 죽은 자 가운데서 다시 살아나신 예수님의 부활로 인하여 성결의 영, 곧 성령님의 능력을 따라 우리도 부활했습니다. 우리 구주이신 그리스도는 다시 살아나셔서 하늘에 오르신 구주이십니다. 이제 그분은 하늘로 좇아 말씀하시며, 그분께서 장차 우리를 인도하실 바로 그 자리에서 중보하고 계십니다. 우리는 거기서 그분을 뵐 것입니다.

　　　더군다나 주 예수님은 하나님의 마음을 기쁘시게 하고 하나님의 모든 뜻을 이루셨으므로, 다음과 같이 말씀하실 수 있습니다. "다 이루었다 - 완전히 성취되었다 - 영원히 종결되었다. 따라서 그분은 이제 완전한 평강의 증거를 하늘로 좇아 말씀하고 계십니다. 그것은 반드시 평강의 음성이어야 합니다. 그리고 평강을 이루신 일의 결과로서의 축복을 가져오는 음성입니다. 사람이 듣든지 아니 듣든지 주 예수님은 다만 평강만을 말씀하십니다. 바울도 말하길, "또 오셔서 먼 데 있는 너희에게 평안을 전하고 가까운 데 있는 자들에게 평안을 전하셨으니"라고 했습니다. 그리스도는 자기 백성들을 위하여 이러한 평안을 획득하시려고 슬프게도 십자가에서 죽기까지 하셨습니다. 하지만 이제는 평안을 선포하십시오. 사람은 자기의 창조주와 적대 관계에 있는 한 평강을 알지 못합니다. 그래서 주 예수님은 그분의 백성들이 져야할 모든 책임을 떠맡으시고, 저희로 평안을 얻도록 모든 장애물을 제거하셨습니다. 이것만이 바로 참된 평안을 얻을 수 있는 유일한 길이기 때문입니다. 이것이 예수님께서 얻기 위해 죽으신 이유이며, 지금은 얻으셨고 이제는 그 진정성과 확실성을 증거하고 계십니다. 그러므로 여러분의 눈을 하늘로 좇아 말씀하시는 그분께 고정하십시오. 그렇지 아니하면, 여러분은 결코 평안을 얻을 수 없을 것입니다. 이는 진실로 그것이 하나님의 말씀이기 때문입니다.

그리스도는 이제 하늘보좌에 앉으셔서 평안을 선포하시며, 그것을 통해 사람의 죄를 뛰어넘는 말로 다 할 수 없는 하나님의 사랑의 특권을 우리에게 축복으로 가져다주십니다. 이는 그분의 탁월한 위대하심으로 죄를 이기시고, 자신을 희생 제물로 드려서 죄를 제거하심으로써 된 것입니다. 우리는 이제 하나님의 약속의 견고함과 그 성취의 확실성에 굳게 서있습니다.

"그 때에는 그의 음성이(KJV 참조; 역자주) 땅을 진동하였거니와 이제는 약속하여 가라사대 내가 또 한 번 땅만 아니라 하늘도 진동하리라 하셨느니라 이 또 한 번이라 하심은 진동치 아니하는 것을 영존케 하기 위하여 진동할 것들 곧 만든 것들의 변동될 것을 나타내심이니라".

우리는 예수님과 함께 연합되었음을 이미 보았습니다. 우리가 이른 신령한 것들, 즉 견고하며 하나님의 말씀의 안전성 위에 근거를 두고 있는 것들은 장차 모든 것들이 진동할 그 때에 결코 흔들리지 아니할 것입니다.

우리는 그처럼 견고한 것들만을 보게 될 것입니다. "너희가 이른 곳은 시온 산과 살아계신 하나님의 도성인 하늘의 예루살렘이라" 과연 그러한 것들이 진동될 수 있을까요? 결코 그럴 수 없습니다. 살아계신 하나님의 도성은 살아계신 하나님께 기초를 두고 있으며, 결코 무너지지 아니할 것입니다. "천만천사와 총회라"(KJV 참조; 역자주) 그러한 것들이 진동될 수 있을까요? 아닙니다. 하늘에 큰 진동이 있었는데, 이는 반역한 천사들을 어두움에 빠뜨리기 위함이었고, 그들은 지금까지 거기에 갇혀있습니다. 그 남은 자들은 그분의 권능에 의해 보존되고 있습니다. "또 하늘에 기록한 장자들의 교회 (KJV 참조; 역자주)와 및 온전케 된 의인의 영들과" 이러한 것들이 진동될 수 있을까요? 결코 그렇지 않습니다. 하나님에 의해 온전케 된 자들은 온전히 보존됩니다. 그러한 자들은 진동될 수 없습니다.

또 여러분이 이른 곳은 "만민의 심판자이신 하나님 앞"입니다. 하나님은 진동할 수 없는 모든 것들의 보증이시며 토대이십니다. 여러분이 이른 곳은 예수님 앞입니다. 이러한 모든 것들이 이루어질 그곳에 계신 분입니다. 즉 땅에서가 아니라 영광 중에 계셔서 그렇게 하십니다. 주 예수님은 이 땅에 계셨으나, 이 땅의 사람들은 그분을 멸시하였고 그분을 배척했습니다. 그분의 음성이 이전에 땅을 진동하였거니와, 이제는 하늘에 계셔서 거기로 좇아 말씀하십니다. 그분께서 약속하시되 또 한 번이라 하심은 진동할 모든 것들이 변동될 것을 나타내는 것입니다.

성경에서 "또 한 번," 이라는 주목할 만한 표현을 보게 됩니다. 이는 하나님의 권위 있는 약속의 말씀으로 우리에게 제시되었습니다. 그것은 한 영으로 성령님의 능력 안에서 진리를 증거하도록 합니다. 그것은 우리로 약속된 진리에 이르게 합니다. 그분께서 하늘로서 이렇게 약속의 말씀을 하심을 인해 하나님께 감사하도록 하게 하기 위해 이제 예수님께서 하늘로 좇아 우리에게 말씀하고 계시는데, 우리는 진실로 진리 안에서 그 약속을 믿으며, 그 성취를 바라고 있는지 생각해보아야 합니다.

우리는 이러한 하늘로 좇아 말씀하시는 음성을 진정으로 깨닫고 있습니까? 그리고 사단과 세상과 육신이 하나님을 대적하여 쌓아놓은 모든 것들이 장차 격렬한 진동 후에 멸망에 처할 것이라는 사실로 인해 우리는 즐거워하고 있습니까? 우리는 믿음으로 다음과 같이 말할 수 있습니까? '나는 말씀하시는 그 음성을 깨닫고 있으며, 그리스도를 대적하는 모든 것들이 사라져 갈 때에, 정말 나는 기쁨으로 그 성취를 기대하고 있노라.' 고. 과연 여러분은 진동치 못할 모든 것들과 나를 동일시하신다고 말씀하시는 음성을 하늘로부터 들은 적이 있습니까?

성도들의 놀라운 특권을 온전히 깨닫는 것을 방해하고 괴롭히던 모든 것들이 제거될 때가 올 것입니다. 성도들은 "땅을 무섭도록 진동시킬" 그 두려운 음성이 발할 때에 아무런 두려움도 없을 것입니다. 성도들은 이미 그들에게 사랑과 긍휼과 평강을 말씀하시는 그 복된 음성을 들었으며, 그 복된 음성과 자신들은 하나님을 알기에 더 이상 바랄 것이 없습니다.

주의 사랑하시는 형제들이여, 장차 들어가 누릴 우리의 기업을 생각해봅시다. 우리의 기업은 결코 진동할 수 없이 견고하게 건축된(established) 것이고, 확고한(settled) 것입니다! 그 무섭고 두려운 진동케 하는 것은 땅에 속한 자들에게, 곧 진동케 될 것들을 의지하는 자들에게 완전한 화(woe)가 될 것이며, 진동치 못할 것들에 이른 자들에게는 충만한 기쁨이 될 것입니다. 따라서 오직 영원토록 영존할 것만 남을 것입니다.

"해와 달과 별들에는 징조가 있겠고 땅에서는 민족들이 바다와 파도의 우는 소리를 인하여 혼란한 중에 곤고하리라 사람들이 세상에 임할 일을 생각하고 무서워하므로 기절하리니 이는 하늘의 권능들이 흔들리겠음이라"(눅1:25, 26).

　이렇게 진동할 때가 이를 것입니다. 그러나 여러분의 마음과 애정이 머물렀고, 또 여러분이 관계했던 모든 것들은 진동치 못하는 것들이기 때문에 여러분은 기뻐할 것입니다. 더군다나 이러한 음성은 믿는 이들에게는 장차 진동을 견디지 못하는 모든 것들이 제거되는 것 이상의 의미가 있는데, 이는 참으로 놀라운 것입니다. 그것은 성도들에게는 완전한 축복을 의미합니다. 곧 그 때에 성도들이 예수님의 충만하고도 완전한 즐거움 안으로 이끌릴 것이며, 하나님의 견고하심 위에 거하게 될 것입니다. 만들어진 모든 것들은 진동할 것입니다. 바로 그 때에, 하나님과 연합된 자, 바로 그러한 자 만이 그 진동에 견딜 것입니다. 장차 들어갈 그곳 - 그곳은 더러움이 없고, 변동될 것도 없는 곳입니다 - 에 진정으로 거듭난 사람들은 개인적으로 들어갈 것이며, 장차 넉넉히 들어 갈 것입니다.

그러므로 믿는 이들은 두 가지 입장 위에 서 있습니다. 첫째는 주 예수 그리스도께서 하늘로 좇아 그에게 말씀하고 계시는데, 곧 평강을 말씀해 주십니다. 그러므로 이미 약속된 만물의 대변동과 모든 혼란 속에서도 참된 신자는 자신에 관한 모든 두려움은 사라져 버립니다. 또한 하나님의 약속은 굳게 설 것이고, 그분의 영광에 참예치 못할 모든 것들은 제해질 것입니다. 여기에서 우리는 이 세상의 것들과 관련된 모든 것들과의 완전한 분리를 보게 됩니다. 즉 그러한 것들은 하나님의 것들과 매우 뚜렷하게 반대되며, 결단코 하나 될 수가 없습니다.

죄악된 세상에 대한 하나님의 오래 참으심과 인내하심이 종말을 고하면 그 때에 진동이 시작될 것입니다. 그 때에 은혜에 참예한 자의 복됨이여! 그러나 여전히 경성시킬 권면이 필요합니다. "내가 너희에게 이르노니 너희 모두에게 이르는 말이다. 정신을 차리라!" 또 이러한 경계의 말은 끝까지 계속되어야 하며, 모든 거치는 것들 가운데서 성령님의 생명 주시는 능력에 의해 지탱될 것입니다. 믿는 이들의 삶은 이러한 경성의 삶으로 드러날 것입니다. 그리스도인은 다만 장차 올 것을 바라고 세상을 의존하거나 또는 의지하지 말아야 합니다. "만일 그리스도 안에서 우리의 바라는 것이 다만 이생뿐이면 모든 사람 가운데서 우리가 더욱 불쌍한 자라" 그러나 우리는 이생을 넘어 영원한 것들을 보고 이해합니다. 성령님의 능력 안에서 그 영적인 기쁨 안으로 부르심을 받는 자들에게 의심할 수 없는 복을 깨닫게 하시기 때문에, 심지어 여기 이 땅에서도 아무런 장애나 방해 없이 그 복을 누릴 수 있습니다. 그리스도는 온전히 완벽한(perfect) 화해를 이루시기 위하여 필요한 모든 것들을 이루셨습니다.

그러므로 그리스도의 사역에 관한한 아무런 결점이 없습니다. 그야말로 온전한 완벽함의 극치입니다. 하나님으로부터 우리를 격리시켰던 모든 것들을 극복하셨고, 제거하셨으며, 승리하신 것입니다. 이제 그리스도는 하늘에 계셔서 승리를 누리고 계시며 - 우리의 구원을 위해 모든 것을 이루신 것입니다. 하늘(성소)에 들어가셔서 우리를 위해 하나님의 존전에 계시며 그분의 백성인 우리에게 지속적으로 평안을 말씀하십니다. 우리의 분깃을 깨닫는 것은 영원하신 성령이 우리 심령 안에서 역사하셨기 때문이고, 또 성령님은 예수님께서 들어가신 그 즐거움을 증거하시며, 믿을 때에 평강과 가쁨을 주시고 우리도 또한 장차 들어갈 영광을 바라보도록 하십니다.

"그리로 앞서 가신 예수께서…우리를 위하여 들어가셨느니라".

이것이 그리스도께서 약속하신 평강의 유일한 근거이며, 시험과 투쟁과 환난 중에서도 이러한 평안을 누리는 것이 믿는 우리들만의 특권입니다. 이제 우리는 예수님께서 계신 그대로 바라보게 되었습니다. 하늘로 좇아 말씀하시는 그분을 의지하여, 우리의 이해를 초월하는 평강을 소유하고 있습니다. 우리의 주님과 주인되신 그분과 연합하여 하나됨으로 얻은 평강인 것입니다. 당신은 하늘로 좇아 당신 자신에게 말씀하시는 주 예수 그리스도, 곧 당신에게 평안을 말씀하시는 분을 알고 있습니까? 그분은 당신에게 "다 이루었다" 하시며, 당신이 평안을 소유할 권리가 있다고 직접 말씀하셨습니까? 당신은 당신 자신의 죄가 제거되는 것을 체험했습니까?

사랑하는 친구들이여, 나는 여러분들에게 조금 더 묻고 싶은데, 과연 여러분들은 장차 사라질 것들과 아무런 관련이 없는가 하는 것입니다. 하늘로 좇아 말씀하시는 그 음성은 진동할 모든 것들이 제해질 것임을 이미 증거하였고, 또 약속했습니다. 만일 당신이 그러한 것들과 조금이라도 관계가 있다면, 오, 얼마나 슬픈 일입니까? 그리스도께서 오실 그 때에 당신이 그 가운데서 발견된다면! 땅에 속한 자들은 땅에 속한 일들을 생각하는 법입니다. 즉 그것이 그들의 특징입니다. 사도 바울은 빌립보인들에게 경계하면서 말하길, "저희의 마침은 멸망이요 저희의 신은 배요 그 영광은 저희의 부끄러움에 있고 땅의 일을 생각하는 자"고 하였습니다. 하늘로 좇아 말씀하시는 음성은 그리스도와 그분의 회중이 땅에 속한 모든 것들로부터 분리될 것을 선언하였습니다.

사랑하는 친구들이여, 나는 엄숙하게 여러분 앞에서 이것을 말합니다. 여러분은 이러한 것들에 참예하고 있지는 않습니까? 혹은 하늘보다 더 높으신 그분을 더욱 존귀히 여기며 당신의 마음과 애정을 쏟고 있습니까? 이것이야말로 장차 진동치 못할 것이며 제해질 수 없는 것이 아닙니까? 당신은 하나님의 약속을 따라 만물의 진동케 될 그것을 당하시겠습니까? 하나님은 말씀하셨습니다. "내가 또 한 번 땅만 아니라 하늘도 진동하리라". 하늘보다 더 높고 존귀하신 주 예수님 안에 굳건히 선 분들은 영원무궁토록 복받은 자들입니다!

따라서 굳게 고정된 여러분은 안전할 뿐만 아니라 장차 그분과 함께 영광 중에 나타날 것입니다.

사랑하는 친구들이여, 다시 한 번 여러분들에게 청합니다. 만일 이러한 진동케 하심이 지금 이른다면, 여러분은 어느 곳에서 발견되겠습니까? 장차 제해질 것들과 함께 뒤섞인 채로 두려워 떠는 가운데 발견되시겠습니까? 아니면 장차 만물을 진동케 하실 주 예수님의 심장 안에 있는 완전한 평강 안에서 발견되시겠습니까? 주님께서 여러분들을 후자의 평강 가운데서 찾으시길 기도합니다. 그 평강의 세계는 주 예수님의 사랑과 능력을 알기 때문에 행복하고, 또 말로 다 형용할 수 없는 기쁨과 주님의 영광 만으로 들어갈 준비가 되어 있는 곳입니다. 여러분 모두가 다 그 영광스러운 곳에 들어갈 수 있기를 빕니다. 아멘.

부록
존 넬슨 다비 약전

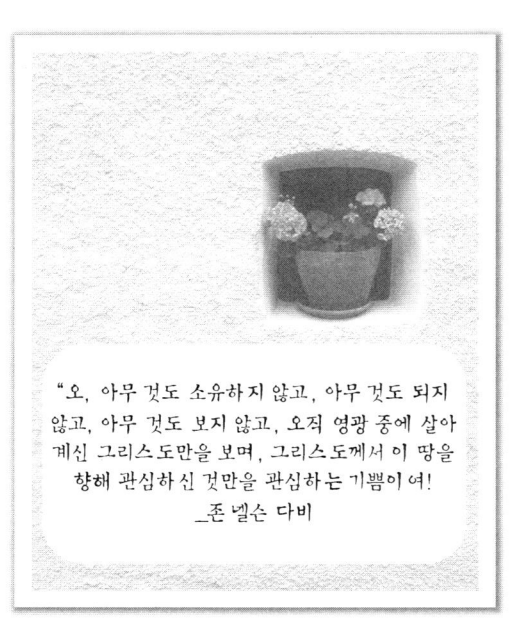

"오, 아무 것도 소유하지 않고, 아무 것도 되지 않고, 아무 것도 보지 않고, 오직 영광 중에 살아 계신 그리스도만을 보며, 그리스도께서 이 땅을 향해 관심하신 것만을 관심하는 기쁨이여!
_존 넬슨 다비

근세의 터툴리안

존 넬슨 다비 약전(略傳)

이 마지막 시대의 터툴리안으로 불린 존 넬슨 다비는 킹즈 카운티, 리프 캐슬의 존 다비의 막내 아들로 태어났다. 다비는 1800년 웨스트민스터에서 태어났다. 영국 가톨릭의 투사였던 E.B. 푸시(Pusey) 또한 같은 해에 태어났는데, 우연하게도 두 사람의 생애는 같은 해에 마치게 된다. "넬슨"이란 이름은 나일 전투에서 "벨러로폰" 장군이었던 그의 삼촌 헨리 다비와 유명한 해군 제독인 넬슨 경과의 관계에서 연원되었다. 그는 웨스트민스터에서 교육받았으며, 그 후에 더블린에 있는 트리니티 대학에 들어갔고, 1819년 고전학부를 수석으로 졸업했다. 그는 아일랜드 대법원에 들어갔으나, 얼마 되지 않은 1825년에 매기 대주교로부터 부제로 봉직하라는 명령을 소명으로 받아들였다. 그리고 그 다음해 다비는 대주교를 통해 사제로 임명된다. 다비는 캘러리 위클로 교구에 봉직하면서, 소택지에 지은 소작농의 오두막에 거주하였다.

예언을 주제로 한 드러먼드 앨버리 수양회에 참석하고 돌아온 비카운티스 파워스코트 여사는 브레이 근처에 있는 그녀 자신의 집에서 비슷한 모임을 시작했는데, 그 모임을 통해서 다비는 친구인 J.G. 벨렛(Bellett)의 소개로 A.N. 그로우브스(Groves)와 J.V. 파넬(콩글레콘 경)을 만나게 된다. 벨렛은 더블린에서 에드워드 크로닌과 및 같은 생각을 가진 여러 사람들과 친밀한 관계를 가지고 있었다. 교회 안에서 성령님의 정당한 기능들과 그리스도인의 소망인 그리스도의 재림 등은 일반적으로 무시되고 있었다. 국가로부터의 독립해야 되는 성경적인 교회관에 의해 부담을 느낀 다비는 1827년 자신의 성직자로서의 지위를 포기했다. 그 다음 해 앞에서 언급한 이들과 함께 더블린에서 "떡을 뗌"으로써 영국 국교회와는 완전히 단교하게 된다.

다비는 아일랜드에서 존 헨리 뉴만 추기경의 동생인 프랜시스 윌리암(Francis William)을 알게 된다. 이 두 사람보다 연하였던 프랜시스 윌리암은 발리오 대학의 특별 회원으로 옥스퍼드 재학 시절 매우 뛰어난 학생이었으므로 1826년 학사 학위를 받을 당시, 졸업식장에 참여한 모든 사람들이 일어나 경의를 표했었다. 그는 다비의 매부이자 대법원장이었던 펜파더씨 집의 가정 교사가 되었다. 존 넬슨 다비의 인격에 의해 큰 감화를 받은 뉴만은 1830년 이 "아일랜드 성직자"를 옥스퍼드를 방문하도록 설득했고, 옛날 제자인 벤자민 윌리스 뉴톤(Benjamin Willis Newton)을 다비에게 소개했다. 벤자민 윌리스 뉴톤은 엑스터 대학의 특별 회원이었고 학창

시절 최우수 학생이었다. 퀸즈의 G.V. 위그램(Wigram), 오리엘의 랜슬롯 브렌톤(Lancelot Brenton), 그리고 크라이스트처치의 W.E. 글래드스톤(Gladstone)(후에 대영제국의 수상이 된) 등이 다비와 만났다. 그 당시 연장자인 뉴만의 영향력은 강력했고, 그 당시 그는 대학에서 최고의 설교자였다.

플리머스 태생의 벤자민 윌리스 뉴톤은 다비가 플리머스를 방문하도록 주선했다. 플리머스 지역은 호우커 박사의 사역으로 복음화되어 있었고, 또한 한 사람의 아일랜드 성직자였던 존 워커의 "분리주의" 원칙에 영향을 받고 있었다. 1832년 오직 "예수님의 이름으로" 모이는 그리스도인들의 모임, 즉 형제교회가 영국에서 처음으로 형성되었다. 제임스 L. 해리스는 플림스톡 지역의 교구를 사임하고서 형제들과 함께 하였고, 그리스도인의 간증(Christian Witness)라는 출판사를 시작했는데, 거기에 다비는 글들을 기고하였다. 성경 본문 비평학자인 S.P. 트레겔레스(Tregelles)는 뉴톤의 매부로 1836년에 플리머스 형제교회에 영접되었다. 그 후에 반스테플의 로버트 채프만(Robert Chapman), 브리스톨의 조지 뮐러(George Muller)와 헨리 크레익(Henry Craik)이 같은 입장을 취했다. 엄청난 단순함과 헌신이 형제교회의 황금시대의 특징을 이루었다.

1837년에 다비는 스위스의 감리교회를 시작으로 복음을 유럽에 전했다. 그렇게 해서 1840년 경에는 불어로 진행되는 몇 개의 형제교회가 형성되었다. 그 무렵 다비는 제네바에서도 하나님의 교회에 대한 소망에 관한 말씀을 전했다. "다비의 성경주석(Synopsis of the Books of the Bible)"란 책이 출판된 것은 불어로 쓰여진 "말씀에 관한 연구"란 저서 덕분이었다.

1845년에 플리머스를 다시 방문한 다비는 다른 지역에서는 잘 유지되고 있는 중요한 가르침, 곧 '신약의 사역'과

'믿음으로 의롭다 함을 얻는 칭의'와 '성도의 비밀스런 휴거'와 같은 성경의 중요한 가르침에서 떠나는 현상을 목격하였다. 존 넬슨 다비는 뉴톤이 주도하던 모임을 떠나 독립적인 모임을 시작했다.

프랑스에서 사역을 발전시킨 후에 다비는 1853년부터는 독일의 침례교회 회중 가운데서 사역했다. 독일 형제교회들이 뒤셀도르프, 엘버펠트 등지에서 개척되었고, 다비는 그들을 위해 "엘버펠트" 성경을 출판했다. 다른 사람들 가운데 플로레인 폰 번센은 자기 아버지 세발리에르의 비서로서 소위 다비파에 합류했다. 베를린에 있는 복음주의 연합에서 주최한 집회를 하는 동안, 다비는 쏠럭 박사(Dr. Tholuck, 조지 뮐러의 자서전 참조)를 만났는데, 다비는 쏠럭 박사에게 은사를 따라 섬기는 사역에 대한 자신의 견해를 설명했다. 할레 대학의 신학자인 쏠럭 박사는 바로 그것이 초대교회의 사역이었음을 동의하였지만, 과연 오늘날에도 실현 가능한 것인지 질문을 했다. 다비는 확신에 찬 목소리로 "가능한 일인지 해보신 일은 있으십니까?" 하고 대답했다. 그는 불어권 그리스도인들에게 "팬 바이블(Pan Bible)"을 제공해주었고, 대영제국 안에 있는 형제교회와 같은 교회 사역을 소개했다. 필드 박사(Dr. Field)와 웨이마우스 박사(Dr. Weymouth)가 개별적으로 사용해온 다비가 번역한 신약성경의 영어판은 70인역 개정판 보다 앞서 나왔고, 1890년에는 다비의 영어 성경의 완성판이 나왔다.

1859년 앞서 언급한 사역들 외에도 존 넬슨 다비는 캐나다, 미국, 서인도제도, 뉴질랜드, 그리고 네덜란드와 이탈리아 등지에서 사역했다.

50여년 동안 다비는 정열적으로 성경주해 작업을 했다. 엘리콧 주교(Bishop Ellicott)가 글로우체스터 신학대학교 학생들에게 추천한 "다비의 성경주석(Synopsis)"은 존 넬슨 다비를 사랑하는 사람들 가운데 권위있는 책으로 인정을 받았다. 이는 마치 존 웨슬리의 "설교노트"가 감리교회 신자들에게 권위있는 것과 같았다. 스토크 교수(Professor Stokes)는 "다비의 성경주석"을 가리켜 "호소의 기준으로 그 모델에서 떠난 모든 사람들을 심히 분개하게 했다."(Expositor's Bible, 사도행전 1장 382p)고 묘사했다. 하지만 다비의 글을 그런 식으로 사용하는 것에 대해 다비 자신 외에는 반대하는 사람은 없었다. 다비에게 진리는 계속해서 자라는 나무였다. 존 넬슨 다비의 문체는 보통 일관되지 않았고, 그의 서신들을 보면 이런 부분들이 역력하게 드러난다. 반면 다비의 힘찬 사역은 비길만한 것이 없었고, 그가 쓴 "신령한 노래(Spiritual Songs)"들은 웅장하고 아름다웠다. 세부적인 면에서 보였던 연약함은 그의 또 다른 한계였다. 그럼에도 불구하고 그는 자기 시대에 독보적으로 하나님의 섭리를 따라 섬겼다. 다비가 오류라고 생각한 것에 대한 그의 비판은 항상 예리했고, 명쾌했다.

핵심적인 내용은 '교회의 폐허상태', 혹은 '시대적인 배도'(Collected Writings. Ⅰ, 192p)에 대한 것이었는데, 그것이 다비가 가지고 있던 마음의 부담이었다. 다비는 존 칼빈의 말(시편 102편 14절에 대한 주석)에 동의할 수 있었다. "교회가 황폐화 되는 슬픔이 클 수록, 우리의 교회에 대한 관심은 점점 더 커진다." 다비는 교회를 "유기적이고 가시적인 공동체"(Collected Writings, XX, 450p, cf. "Correspondence" Ⅱ, 245, 278)로서 사도적 교회라는 의미로 생각했는데, 이에 대해 루프는 비난했다. 왜냐하면 그는 교회란 "프로테스탄트의 믿음이 항상 이루어지는 곳"으로 생각했기 때문이다. 하지만 이런 비난은 실패했다. 왜냐하면 존 넬슨 다비는 어거스틴의 관점을 받아들이지 않았기 때문이었다. 다비는 성령님의 역사와 사역 속에서 "연합의 필수적인 원칙"("Correspondence", Ⅰ. 114p)을 발견했다. 버밍햄의 주교는 이에 대해 다비를 전적으로 잘못된 것으로 생각했다. 그 당시 버밍햄의 주교였던 고어 박사(Dr. Gore)의 성경과 교회의 관계에 대한 견해는 존 넬슨 다비의 것과는 사뭇 달랐기 때문이다. 바르게 가르침을 받은 사람은 아무도 고어 박사의 신분 때문에 그가 옳다고 여기지는 않았다. 다비는 항상 신분이라는 것이 우리의 연약함 중의 하나라고 말했다. 그 문제에 대해 로마 가톨릭 밖에서 고어 주교를 따르는 사람은 없었다. 로마 가톨릭에 대해 다비는 "역사적인(로마 가톨릭)"교회는 신약성경에 나타난 교회의 캐리커처라고 생각했다.

그리스도의 고난에 대한 다비의 논문에 대한 논쟁이 일어났는데, 이는 반대자들이 다비가 견지하고 있는 입장에 대한 인식 부족 때문이었다.

1881년 다비가 믿어온 교제와 징계에 대한 이론이 그의 훌륭한 지지자들에 의해 다비를 반대하는데 사용되었다.

다비가 그에 대해 설명한 대로 문제는 "영"과 "지성" 사이에 있었다. 다비는 자신의 논리를 자신의 경험을 통해 수정하고 있었다. 분열은 그가 세상을 떠난 후 1908년에 다음과 같은 일이 일어날 때까지 계속되었다. 즉 그의 이름으로 진행되고 있던 지도적인 런던 모임이 다른 지방의 문제를 처리할 때, 윌리암 켈리와 거의 차이가 없는 "신성한 원칙들"에 의해서 행동을 취한 것이다. 즉 런던 대신 플리머스로 대치하면 벤자민 월리스 뉴톤에 대한 광범위한 징계를 받아들일 것이라고 생각한 것이다.

다윈의 이론인 "적자생존"이란 개념을 생각해 볼 때, 이렇게 "남은 자들"이 누구인지 알아보고자 하는 움직임은 없었다. 하지만 점차 많은 사람들이 지난 60년 동안 분열된 형제교회 사이에 보다 건강한 관계들에 대한 관심을 가지기 시작했다. 지난 일이 수습되기 보다는 새로운 문제들이 불거졌다. 모임간의 재결합은 더욱 문제를 복잡하게 만들어 마치 질병을 더욱 악화시키는 것 같았다. 그에 대해 순종한 사람들은 인간은 축복으로 가득 차 있다고 믿었다.

남은 문제들을 성경적인 방법으로 해결하려는 노력들에는 은혜가 필요했다. 존 넬슨 다비는 많은 찬송가를 지었다. "들으라. 수천만이 외치는 소리를", "오 주님의 한없는 사랑", "천상 성도의 안식", "일어나라 내 영혼아, 네 하나님이 인도하시리", "이 세상은 광야" 등이 있고, 그밖에도 많은 찬송들이 전세계적으로 애창되고 있다. 한 찬송집이 출판되었다. 최초의 찬양단이 더블린에서 결성되었는데, 그 일원이었던 그로우브스(Groves), 벨렛(Bellett), 그리고 크로닌(Cronin) 등이 소천하였고, 콩글렛톤 경(Lord Congleton)도 곧 뒤따랐다. 그 다음으로 다비가 1882년 3월 29일 주님께로 갔다.

버운마우스에서 마지막 시기를 보내던 다비는 그리스도께서 자신의 유일한 목표였음을 기억하는 것 외에 아무 것도 알지 아니했다는 말을 기록했다. 비록 타고난 리더였지만, 다비는 습관과 태도에 있어서 고결하면서도 단순성을 잃지 않았고, 동시에 투명하면서도 신뢰할만했다. 그는 마음이 좁은 사람은 아니었다. 경우에 따라선 종교적인 관습을 내던지곤 했다. 그의 사역은 매일 오후 목회적 심방을 함으로써 형제들과 항상 친밀성을 유지했다. 육체적 연약함을 늘 가지고 있었음에도, 자신과 관련된 일에 대한 도덕적인 측면에 있어서 그의 판단력은 탁월했다. 그는 성경 속에서 살았으며, 다른 사람들에게 항상 "성경적으로 생각하도록" 권면했다. 동일하게 우리 또한 성경이 항상 우리의 유일한 영적인 양식이요, 기둥이자 무기로 남아있기를 바란다.

형제들의 집 도서 안내

1. 조지 뮐러 영성의 비밀

조지 뮐러 지음/이종수 옮김/값 1,000원

2. 수백만을 감동시킨 사람을 감동시킨 바로 그 사람: 헨리 무어하우스

존 A. 비올리 지음/이종수 옮김/값 1,000원

3. 내 영혼의 만족의 노래

W.T.P 윌스톤 지음/이종수 옮김/값 1,000원

4. 윌리암 켈리의 로마서 복음의 진수

윌리암 켈리 지음/이종수 옮김/값 5,000원

5. 이것이 거듭남이다

알프레드 깁스 지음/이종수 옮김/값 8,000원

6. 모든 일을 다 하나님의 영광을 위하여 하라

해리 아이언사이드 지음/이종수 옮김/값 1,000원